方文伟　主编

中山大學出版社
SUN YAT-SEN UNIVERSITY PRESS
·广州·

版权所有　翻印必究

图书在版编目（CIP）数据

清如古琴/方文伟主编. —广州：中山大学出版社，2020.11

ISBN 978-7-306-06998-6

Ⅰ. ①清…　Ⅱ. ①方…　Ⅲ. ①杨清如（1913—1995）—生平事迹　Ⅳ. ①K825.76

中国版本图书馆CIP数据核字（2020）第202020号

出 版 人：王天琪
策划编辑：吕肖剑
责任编辑：吕肖剑
书籍设计：书窗设计
责任校对：罗梓鸿
责任技编：何雅涛
出版发行：中山大学出版社
电　　话：编辑部 020-84110779，84110283，84111997，84110771
　　　　　发行部 020-84111998，84111981，8411160
地　　址：广州市新港西路135号
邮　　编：510275　传　真：020-84036565
网　　址：http://www.zsup.com.cn　E-mail：zdcbs@mail.sysu.edu.cn
印 刷 者：广州一龙印刷有限公司
规　　格：787 mm×1092 mm　1/16　10.75 印张　122 千字
版次印次：2020年11月第1版　2020年11月第1次印刷
定　　价：166.00元

如发现本书因印装质量影响阅读，请与出版社发行部联系调换

《清如古琴》编委会

主　　编：方文伟

执行主编：史明江　　周玉苹　　容宇红

美术摄影：张　敏　　夏　婵

编　　委：（以姓氏笔画为序）

　　　　　方文伟　　史明江　　吕北平　　李沃权

　　　　　吴江红　　周玉苹　　容宇红　　梁颖娴

特别鸣谢：张　鑫

清如古琴公众号

序

  文化,本质上是这样一些过程和效果:一批善思考、有美感、接地气的人,在生活中有意无意地为自己,也顺便为后人留下些许精神财富。

  清如古琴的践行者们,把古琴文化放进它本应存在的生活过程中,渐渐地积累了一些可以分享的东西,并把它们整理出来。这便是本书的成书过程。

  2020年春,蜀中琴人方文伟叙于巴渝故里

目 录

001　**序**

001　**20世纪蜀派古琴颇具影响力的杨氏家族**

009　**20世纪蜀派古琴名家杨清如**
010　杨清如生平和琴学纪年
022　杨清如的古琴艺术风格
031　回忆恩师杨清如先生

063　**清如传承**
064　清如古琴
065　杨清如所传宋琴
070　清如古琴教学师训

| 071 | **琴谱及相关文化思想表达** |

073	**杨清如传谱**
074	访子期
080	慨古吟
086	渔樵问答

097	**传统琴曲**		119	**改编琴曲**
098	阳关三叠		120	画心
104	醉渔唱晚		124	知音
106	高山		128	张羽煮海·听琴
108	流水		132	小桃红·媚香楼
110	梅花三弄
112	洞庭秋思		137	**原创琴曲**
114	鸥鹭忘机		138	念奴娇·过洞庭
116	平沙落雁		142	和杨龟山《此日不再得》韵
118	潇湘水云

151	**自度琴曲**
152	滩子口·江石相雄不相让
156	懒问月·归棹
160	储奇门·归梦远

20世纪蜀派古琴颇具影响力的杨氏家族

清末民初，重庆第一钱庄天顺祥的掌柜杨良臣，字庭五，巴县人，早年开过钱庄，任过重庆商会会长，投资民生银行、商业银行等多处实业，是相当富有的实业家。尤爱收藏，亦擅古琴。其子杨少五（1895—1959），名世华，继承家学，经商之余，更痴迷古琴，常与重庆琴家及社会名流雅集。杨少五之子杨次乾，于1937年组织成立了重庆近代第一家琴社——七弦琴社。其女杨清如，1945年又组织成立二香琴社。

当然，最引人注目的还是在抗日战争（以下简称"抗战"）期间成立的天风琴社。抗战时期的陪都重庆，大批文人迁移到来，其中不乏古

摄于1946年天风琴社成立一周年。前排：左一杨少五、右一徐元白、右二杨少五夫人魏氏、右三杨清如（杨少五之女）；二排：左二高罗佩、左三冯玉祥、左四于右任；后排：右一杨次乾（杨少五长子）

琴名家。稍后成立的天风琴社，陪都政界和文化名流于右任、冯玉祥，荷兰汉学家高罗佩等，都是天风琴社的成员。这在当时成为重庆文化界的一件盛事。

关于杨氏家族在重庆古琴界的影响，可以从以下几个人的相关记录中追溯：

徐元白、梁在平。

我们可以从徐元白、梁在平等人的一些相关记述中了解到当时天风琴社的成员情况。

据《浙派古琴艺术》中徐元白其人其事一篇所记："1945年徐元白与杨结武（实为杨少五）在重庆组织成立'天风琴社'，并担任社长。'天风琴社'的成员有王普生、高罗佩（荷兰）、毕铿（英国）、冯玉祥、程午嘉、杨大君、何群儒、杨清如、徐文镜、梁在平、徐芝荪、黄鞠生等。"

梁在平在他的《琴路历程的延续》中记述："我以再度参加留美考试之便，在重庆小住，协同徐文镜、徐元白、黄鞠生（潇）、胡光瑁（莹堂）、程独清（蜀清）、荷兰高罗佩、英国毕铿等创立天风琴社，推徐元白先生为社长，我的'鹤鸣'古筝即系他题字。文镜先生经营'紫泥山馆'，朱砂由我托友供应，惜以长年磨砂，气体渗入眼部，到香港后渐渐失明。高罗佩夫妇在我赴美期间，对内子及小儿照料备至……"

高罗佩。

荷兰外交官、著名汉学家,于中国文学、书法和古琴颇有涉猎。其《大唐狄公案》为外国人所著的第一部中国传统章回体小说,《秘戏图考》则填补了中国性文化史研究的空白。

前排左二为杨清如,左四为冯玉祥,冯玉祥身后左侧为杨少五,前排右三为徐元白,右五为高罗佩,左五为高罗佩夫人水世芳

1943年初，高罗佩来到重庆荷兰大使馆任职，并于1945年2月成为天风琴社一员。他在自传稿里写道："我加入了几个文学协会，其中最重要的是天风琴社……"巴克曼所著《大汉学家高罗佩传》中，记载了高罗佩日记里有关于天风琴社成立这一天的记录："2月25日，11点杨少五和杨大钧来了，一起乘车去了杨少五的家，在那儿举办了盛大的午餐会，以庆贺天风琴社成立。下午是弹奏音乐度过的，吃晚餐后欣赏灯笼。"

根据这些资料，有关专家考证出天风琴社成立的时间是1945年2月25日，农历乙酉年（民国三十四年）元月十三日，成立的地点是在杨少五城里的家——南纪门凤凰台1号"清白家风"。

1946年高罗佩告别重庆，这张摄于"中华民国三五年三月"、题有"天风琴社与渝都各界饯送荷兰高芝台博士水世芳夫人回国"的老照片，是1946年3月天风琴社送别高罗佩夫妇的合影。

2014年11月，高罗佩的儿女们把他们保存的父亲书房里的物品和古琴送回重庆，陈列在三峡博物馆。文物中有高罗佩生前用过的"松风"琴，琴底项部刻篆文琴名"松风"，龙池下部阴刻填红篆书方印"中和琴室"，纳音上阴刻填墨隶书"大清光绪四年晋熙刘氏子又仿制"。这是高罗佩最为珍爱的一张琴。而三峡博物馆也有一张杨少五所藏"松风"琴。两张琴的琴名、刻章完全一致。经考，两张琴最初均为高罗佩所有，后来高罗佩将其中一张赠予了杨少五。

查阜西、程午嘉题赠杨少五的《今虞》创刊号

杨少五之女杨清如。

据杨清如回忆，抗战时期，一个风清月白之夜，浙派名家徐元白携琴相访。竹影参差间，与杨少五把琴论艺，相见恨晚。徐元白抚《泣颜回》，家国变故，淋漓弦间。杨少五大为感动，嘱长女杨清如回赠一曲《渔樵问答》。曲意幽深，深得山水之妙，令徐元白喜出望外，击节赞赏。之后成立的天风琴社，杨少五是主要发起者，徐元白被大家推为社长。

杨清如所传《今虞》创刊号，封面上有小楷"杨少五先生惠存"，落款为"查阜西、程午嘉赠"，字迹书法功底深厚。按常理推断，书写者谦逊押后，当为程先生手笔。

这本《今虞》创刊号是杨氏家族在古琴界影响力的最重要证据。按理，这么重要的文物，杨少五不会传给嫁出去的女儿杨清如。之所以在杨清如手中，主要是因为杨少五后人中其女杨清如最酷爱古琴。

杨少五之孙杨升平。

杨次乾之子杨升平从小与爷爷杨少五生活在一起，直至爷爷去世。所以杨氏家族的很多信息源自杨升平，应该是相当可信的。

杨升平说："我的曾祖父叫杨庭五，巴县人。当时家里的房子叫杨家花园，就是现在龙湖花园一带。曾祖父早年当过重庆商会会长，开过钱庄，投资民生银行、商业银行等多处实业，是相当有实力的实业家和金融家。也是儒商，文化修养很高，对历史、中医、书法等都有研究，酷爱收藏，能弹古琴。"据杨升平回忆，新中国成立后，杨家凤凰台1号"清白家风"大院（现南纪门法院旁边小巷内停车场）在1950年"土改"中被没收。

2010年5月28日，杨升平将祖父所藏清代"仲令"古琴1张、杨宗稷琴谱3卷、《梅庵琴谱》1册捐献给三峡博物馆。目前三峡博物馆所藏古琴中有1张清琴，池腹内有"中华民国三十六年岁次丁亥仲春月，四川重庆杨少五重修于天风琴社"的题记。由此可以看出，抗战胜利，国民政府还都南京后，天风琴社的外地成员纷纷还乡，但天风琴社的活动仍在延续。

2019年冬，方文伟叙于巴渝故里
资料整理协助：史明江　周玉苹

20世纪蜀派古琴名家杨清如

杨清如少年、中青年时期留影

因为抗日战争时期重庆陪都的历史地位，天风琴社不再是一个仅限于重庆的地方性琴社。也正因为如此，重庆杨氏古琴世家中，产生了一位全国知名女琴家杨清如。

杨清如生平和琴学纪年

有关杨清如生平和琴学纪年，可以考据的资料不多。归纳起来有以下三部分内容。

（1）20世纪90年代，重庆市中区放牛巷小学段云璞所写的《重庆古琴》《蜀中古琴》等文章，相继刊登在1990年第1期《重庆市中区志》、

1990年第5期《重庆地方志》等杂志中。另外，1982年第2期《重庆音讯》也有对重庆近代古琴发展史的记叙，这些文章自然少不了对杨清如的报道；但也不会对杨清如着墨太多，仅仅是一些杨清如琴学经历的片段。尽管如此，相关报道内容是段云璞对杨清如访谈之后写出来，并经杨清如本人认同后发表的，所以颇具权威性。在成都音协出版的1991年春季号《乐苑》所刊载的相同文章中，还有杨清如亲自改正的一个错字，即把她老师常德何儒学，错印成常得何儒学。杨清如保存了这些相关刊物，并将这些刊物传给了弟子方文伟。

如今网上和一些书中对杨清如的记载，大都源自这些文章。

《重庆市中区志》《重庆地方志》《重庆音讯》和成都音协《乐苑》

（2）1993年9月4日，杨清如在写给成都音乐舞剧院院长唐中六的书信中，记述了自己的一些琴学经历。

杨清如写给唐中六的书信（第一页）

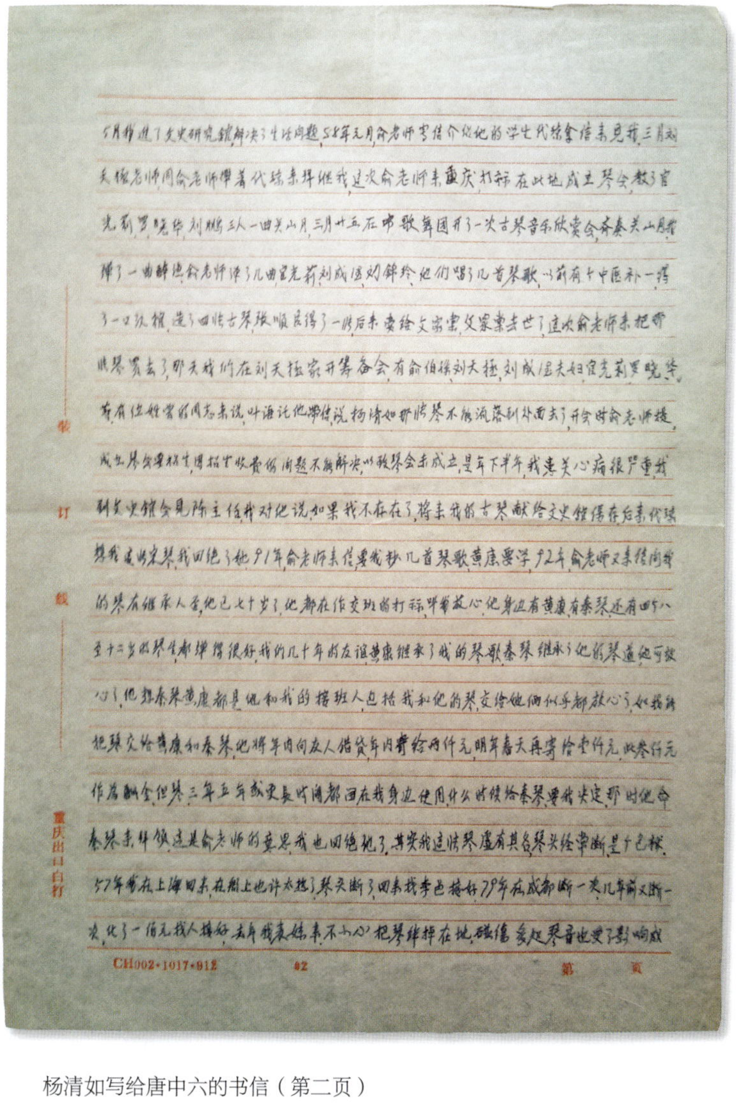
5月我进了文史研究馆，解决了生活问题。58年元月俞老师写信介绍他的学生代琮拿信来见我，三月刘天铭老师同俞老师带着代琮来拜继我，这次俞老师来重庆，打算在此地成立琴会，教了官先莉、罗晓华、刘鹏三人一曲关山月，三月廿五在市歌舞团开了一次古琴音乐欣赏会，齐奏关山月，我弹了一曲醉渔，俞老师弹了几曲，官先莉、刘成煜、刘锦玲，他们唱了几首琴歌。以前有个中医补一锡了一口伙祺，造了四张古琴，张顺良得了一张，后来卖给文家宽，文家宽去世了，这次俞老师来把那张琴买去了，那天我们在刘天铭家开筹备会，有俞伯孙、刘天铭、刘成煜夫妇、官先莉、罗晓华，还有位姓常的同志来说，叶语记他带信说，杨清如那张琴不能流落到外面去了，开会时俞老师提，成立琴会要样样工具，招生收费的问题不能解决，所以琴会未成立，是年下半年，我患关心病很严重，我到文史馆会见陈主任，我对他说，如果我不在了，将来我的古琴献给文史馆保存，后来代琮想我卖此宋琴，我回绝了他。91年俞老师来信要我抄几首琴歌黄康要学，92年俞老师又来信问我的琴有继承人否，他已七十岁了，他都在作交班的打算，叫我放心，他身边有黄康，有秦琴，还有四个八至十二岁的琴生都弹得很好，我们几十年的友谊，黄康继承了我的琴歌，秦琴继承了他的琴道，他可放心了，他说秦琴黄康都是他和我的接班人，包括我和他的琴，交给他俩似乎都放心了，如我能把琴交给黄康和秦琴，他将年内向友人借贷，年内寄给两仟元，明年春天再寄给壹仟元，此叁仟元作为酬金，但琴三年五年或更长时间都留在我身边使用，什么时候给秦琴，要我决定，那时他命秦琴来拜领，这是俞老师的意思，我也回绝他了，其实我这张琴虚有其名，琴头经常断，是十色桃，57年我在上海回来，在船上也许太热了，琴头断了，回来我拿去接好，79年在成都断一次，几年前又断一次，化了一佰元找人接好，去年我表妹来，不小心把琴碰掉在地，碰伤多处，琴音也受了影响，成

CH002·1017·912　42　第　页

杨清如写给唐中六的书信（第二页）

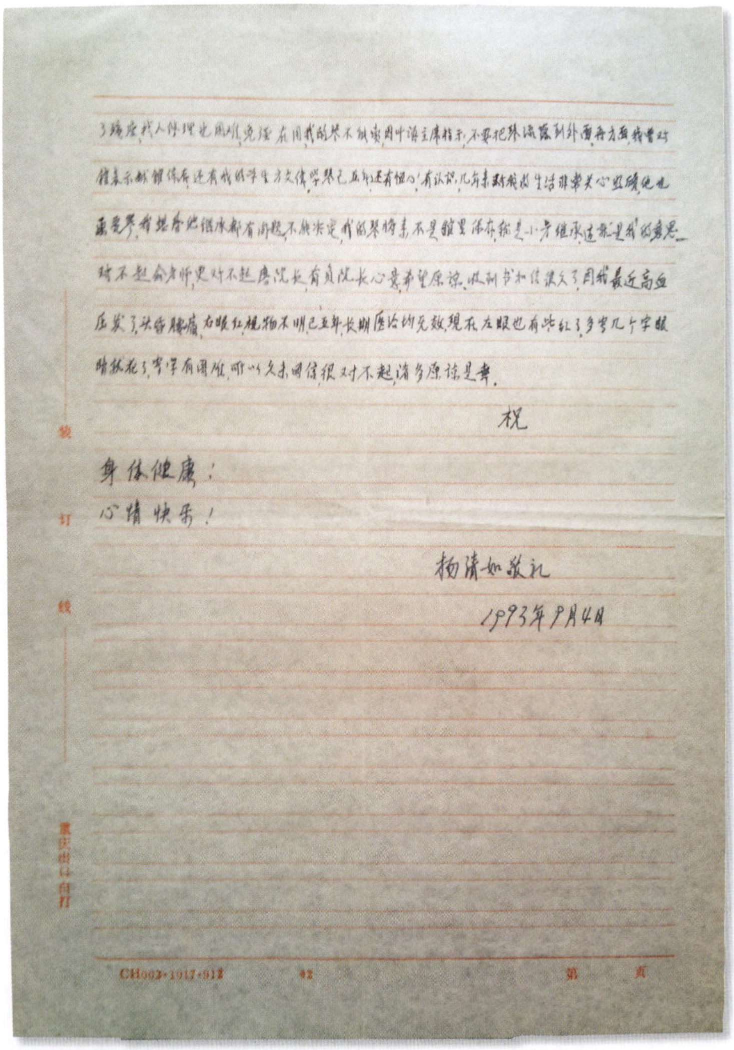

杨清如写给唐中六的书信（第三页）

（3）1994年10月，杨清如第二任丈夫朱协中之子朱成写给方文伟的书信。

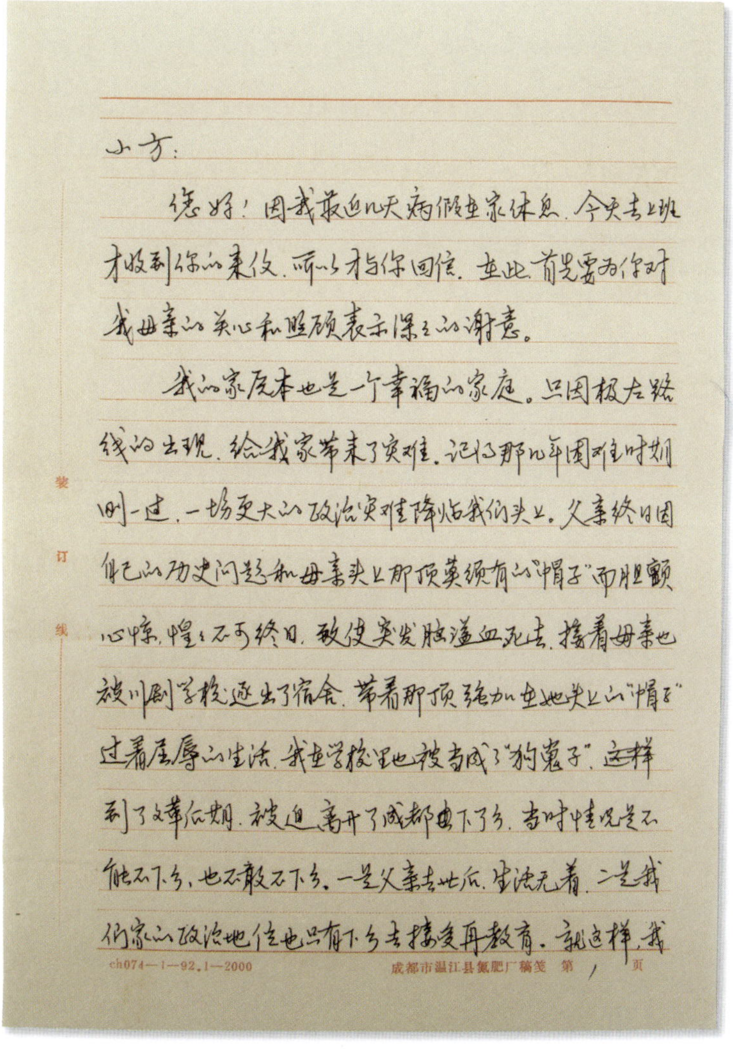

小方：

您好！因我最近几天病假在家休息，今天去上班才收到你的来信，所以才给你回信。在此，首先要为你对我母亲的关心和照顾表示深深的谢意。

我的家庭本也是一个幸福的家庭。只因极左路线的出现，给我家带来了灾难。记得那几年困难时期刚一过，一场更大的政治灾难降临我们头上。父亲终日因自己的历史问题和母亲头上那顶莫须有的"帽子"而胆颤心惊，惶惶不可终日，致使突发脑溢血死去。接着母亲也被川剧学校逐出了宿舍，带着那顶强加在她头上的"帽子"过着屈辱的生活。我在学校里也被当成了"狗崽子"。这样到了文革后期，被迫离开了成都去下了乡。当时情况是不能不下乡，也不敢不下乡。一是父亲去世后，生活无着，二是我们家的政治地位也只有下乡去接受再教育。就这样，我

装订线

ch074—1—92.1—2000　　成都市温江县氮肥厂稿笺　第 1 页

朱成写给方文伟的书信（第一页）

就离开了母亲，去到那偏僻的山区落户。后我三姐看到母亲一人无法生活，把她接去兰州生活了一段日子，终因母亲不能适应兰州的生活，又回到了她的故土——重庆。这样我们这个家也就完全破碎，天各一方。

以后的这几年，经过艰苦的挣扎，我也就成了县城里的一名小工人。在连襟友们的帮助下才到了沱江。

母亲回重庆以后，随着政治气候的好转，经我们及她自己的多方努力，终于进了文史馆工作。这样，她的一技之长终于到了晚年才得以发挥出来，找到了她的事业。

我们调回沱江后，也曾告诉母亲我们想把她接来与我们同住，这样也好照料她老人家。无奈她的根在重庆，她的事业也在重庆，她又怕影响我们，所以不愿意来。今日收到来信，知道母亲病重，我们也

朱成写给方文伟的书信（第二页）

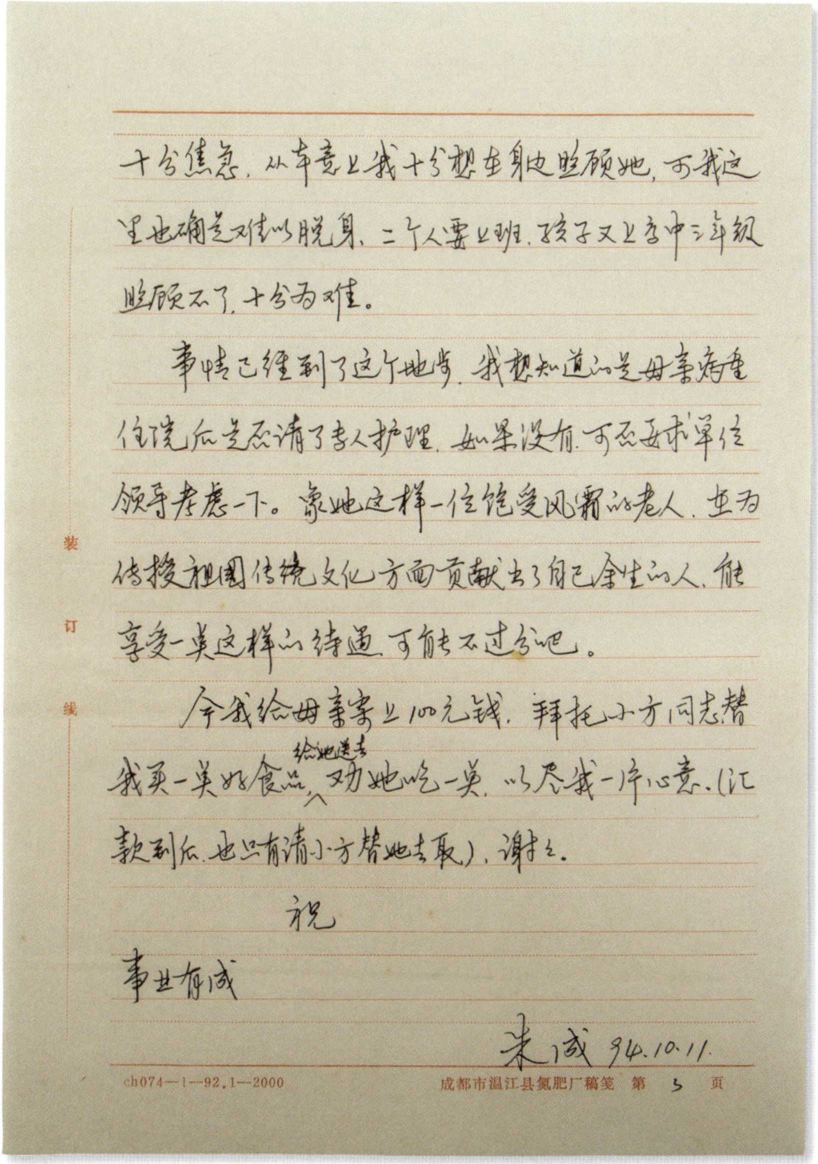

十分焦急，从本意上我十分想去身边照顾她，可我这里也确是难以脱身，二个人要上班，孩子又上高中三年级照顾不了，十分为难。

事情已经到了这个地步，我想知道的是母亲病重住院后是否请了专人护理，如果没有，可否要求单位领导考虑一下。象她这样一位饱受风霜的老人，并为传授祖国传统文化方面贡献出了自己全生的人，能享受一点这样的待遇，可能不过分吧。

今我给母亲寄上100元钱，拜托小方同志替我买一点好食品，给她送去劝她吃一点，以尽我一片心意。(汇款到后，也只有请小方替她去取)，谢谢。

祝

事业有成

朱成 94.10.11.

装订线

ch074—1—92,1—2000　成都市温江县氮肥厂稿笺 第 3 页

朱成写给方文伟的书信（第三页）

根据上述资料，按时间顺序可以整理出杨清如人生的大致脉络。

杨少五有一子三女，杨清如是长女。杨清如生于1913年4月20日，农历三月十四日。杨清如生辰生前都以农历为准，弟子方文伟多次参加她的生辰纪念日，所以这个时间无误。

杨清如幼承庭训，在家读旧学。1926年，从父亲杨少五习琴，得杨氏家传《平沙落雁》、《忆故人》、正调《阳关三叠》、《孔子读易》、《慨古吟》等曲。

1929年，聘请四川国学专修馆雅乐科教授何儒学来家执教，进一步学习乐理和指法。所学琴曲如《渔樵问答》、《普庵咒》、《醉渔唱晚》、《访子期》、紧五调《阳关三叠》等。

1945年，天风琴社成立，杨清如是琴社成员。当时正值抗战时期，浙派名家徐元白也来到重庆，携琴相访。杨少五热情接待，把臂论琴，相见恨晚。是夜风清月白，杨少五家的琴室，影竹参差，香篆清远。徐元白抚《泣颜回》，指法精妙，节奏清纯。杨少五嘱爱女杨清如弹一曲《渔樵问答》，曲意幽深，句法开合回应，深得山水之情。徐元白击节赞赏："家学渊源，果然音响不凡。"杨少五道："小女幼年，在下虽亲传拙艺，但《渔樵》是她老师何儒学很有心得的一曲。"

1945年，与第一任丈夫王迪生组织成立二香琴社，在重庆颇为有名。

1949年后，杨清如的生活发生了巨大变化。她参加了工作，根据她的自述，"1930年我曾就读四川省立妇女职业学校，于会计班毕业"，所以她从事的都是会计职业。"1953年7月在两路口南京裕和园糖果店任会计，1958年参加糖果业整改学习，6月底调到商业局分配到两路口水果合作商店任会计"。工作之余，仍然抚琴不辍，"1955年3月参加重庆市音乐工作组业余民乐队古琴组，同时我们组织了琴会，常在张孟虚老师家聚会弹琴"。张孟虚在重庆家住放牛巷67号"槐庵"，这里是当时重庆琴人聚会之地。

1956年，中国音协副主席、北京琴会会长查阜西率领中央民族音乐研究所调查组进行全国琴人调查采访。7月下旬来到重庆后，与重庆琴人相聚于"槐庵"。查先生一曲《潇湘水云》，挥弦目送，极尽大雅中和之妙。杨清如抚《忆故人》，音节古淡，而有绵邈之思。此曲杨清如得其父杨少五亲传，颇极缠绵悱恻之致。查阜西赞赏道："杨清如女士家学渊源，徐元白君早告诉过我，我们神交已久。"

稍后进行的古琴采访，为杨清如录制了6首琴曲：《凤求凰》《访子期》《慨古吟》《渔樵问答》《阳关三叠》《醉渔唱晚》，这部分录音资料为中国艺术研究院收藏。2019年人民音乐出版社出版的《中国艺术研究院图书馆馆藏音响档案珍粹·丝桐神品——古琴（1950—1970）》发布了这6首琴曲录音。另外，1994年山东友谊出版社出版的《中国艺术研究院音乐研究所所藏中国音乐音响目录》显示，中国艺术研究院收藏的杨清如录音资料除了这6首外，另有《平沙落雁》《古寺钟声》《潇湘水云》等11首，共计有17个条目，包括弦歌和独奏。其中弦歌收录在"古代歌曲"目录下，独奏曲收录在"民族器乐曲"目录下。当年的采访除了录音还包括琴人访问录、通讯录，杨清如填写的通信地址为："重庆上泗水沟29号"。

1956年，杨清如与第二任丈夫朱协中结婚，朱协中为四川省川剧学校音乐教师，主教琵琶、三弦等乐器。

1957年,吴景略来重庆,同样在"槐庵"与重庆琴人相聚一堂,杨清如在场亦有演奏。

1957年,四川省川剧学校由重庆迁往成都,杨清如随丈夫一起到了成都。在成都小住,加入中国音协成都分会,后返回重庆继续工作。

1959年9月,杨清如因丈夫病重而在重庆离职,并于9月到成都。在成都期间,与成都琴人时有交流,走访喻绍泽先生,结识俞伯孙先生。1982年第2期《重庆音讯》所刊俞伯孙著文有介绍。朱协中于1964年年底去世。此后杨清如一直住在成都市区,直到1970年后,被朱协中三女儿接到兰州住了一段时期。

1973年,杨清如迁回重庆,与妹妹杨德如同住。妹妹也是孤身一人,在街道工作,"有时接点货回家,大家做点手工"。这段时间,她也去张孟虚"槐庵"与重庆琴友弹琴交流。她时有生病,张孟虚、俞伯孙都在经济上予以支持。

1979年,成都俞伯孙来信告知"五一"成立"锦江琴社",杨清如受邀于4月下旬去了成都。琴社虽然没有按期成立,但杨清如在9月下旬参加了成都502厂举行的古琴音乐会,演奏了《平沙落雁》,受到好评。

1982年,受重庆音乐家协会之邀,俞伯孙和女儿俞秦琴从成都来重庆,与杨清如一起在重庆电台举办了一场古琴音乐会,接着又在重庆师范学院中文系举办了一场古琴音乐欣赏会。1982年第12期《重庆音讯》上报道了重庆师范学院这次活动的许多细节。

1985年5月,杨清如成为重庆文史馆馆员。居住在重庆大溪沟人和街52-2号。

1988年3月25日,俞伯孙从成都再次来到重庆,在重庆市歌舞团举办古琴音乐欣赏会。当时杨清如弹奏了一曲《醉渔唱晚》。

1990年，段云璞采访了当时既是重庆文史馆馆员又是重庆音乐家协会会员的杨清如，相关内容写在《重庆古琴》《蜀中古琴》等文中，相继发表在1990年第1期《重庆市中区志》、1990年第5期《重庆地方志》和成都音协出版的1991年春季号《乐苑》上。

1990年8月，杨清如携弟子方文伟参加第一届"成都·中国古琴艺术国际交流会"，前后两次登台弹唱弦歌《渔樵问答》。所录制的视频后收录于2017年出版的《绝响：国鹏辑·近世琴人音像遗珍》。

1991年，俞伯孙知道杨清如能弹唱《渔樵问答》《平沙落雁》等琴歌，来信求谱。杨清如手抄《渔樵问答》、正调《阳关三叠》等琴谱寄到成都。俞伯孙告知自己成都琴社的学生，这些琴谱是杨清如不顾炎夏之苦，挥汗手抄出来的，学生们非常感动，争相学唱。

1993年，杨清如因人和街住房拆迁而搬入文史馆底层办公室暂住，在这里生活将近两年时间。辞世前1年，自己录制了琴曲12首，其中《潇湘水云》未完成，仅有一小部分。

1995年3月30日凌晨2时，杨清如在重庆观音桥江北区第一人民医院辞世，享年82岁。

杨清如的古琴艺术风格

杨清如植根蜀派,博采众长,在急浪奔雷、俊逸飚扬的蜀派琴风基础上,融入渊懿沉着、古淡从容的演奏风格。其弦歌艺术尤为突出。

一个人的艺术成就不外乎源自天生禀赋和后天成长经历,下面就从这两大方面来探寻杨清如的古琴艺术风格。

植根蜀派,博采众长。

杨清如生长在重庆,祖辈父辈都是重庆古琴名家,从小耳濡目染。她在古琴艺术上的审美意趣自然很大程度上受到蜀派的影响并体现出这样的风格特征。

杨家的显赫地位,尤其是抗战期间重庆成为陪都后,让她能够广泛接触各地名家,博采众长。当时重庆天风琴社名家汇集,这些都为杨清如扩展艺术视野提供了机缘。

当然,对她影响最直接最深远的还是她的老师何儒学。有关何儒学的身世和琴学方面的情况现今已经难以考据,唯有在杨清如的回忆中可知他是常德人,四川国学专修馆雅乐科教授。琴学方面,也只是提到《渔樵问答》是他颇有心得的一首常弹曲。虽然仅是些只言片语,但从中不难看出,何儒学作为常德人,一般来讲他的琴学渊源不是来自蜀派。而作为四川国学专修馆聘请的雅乐科教授,他的国学和琴学修养不言而喻。那么,何儒学自身的知识结构应该是较为全面的,他对杨清如的影响显然也是较为全面的。这一结论可以从杨清如所传书籍中得以印证。这些书籍由7部分组成,四川国学专修馆雅乐科编写的教材、《律

杨清如所传《律音汇考》

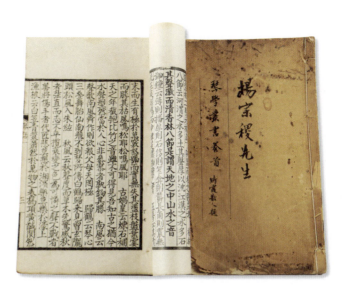

杨清如所传杨宗稷《琴学入门》

音汇考》、《五知斋琴谱》、杨宗稷《琴学丛书》、《琴学入门》、《今虞》和《梅庵琴谱》。深入分析这些书籍的内容，就会发现，它们彼此间存在着内在的学术渊源。值得重视的是，有些书籍明显呈现出多年翻阅留下的痕迹，这些痕迹可能是何儒学留下的，但更大可能源自杨清如。这些痕迹明显折射出师生两代教与学的侧重点。下面来具体分析。

第一，四川国学专修馆雅乐科编写的教材三册，书中每页中缝印有"四川国学专修馆雅乐科"。

四川国学专修馆雅乐科，顾名思义是一个研究和教授雅乐而非纯古琴的专科。礼乐作为国学的重要内容之一，首先讲究的是礼，然后是礼的最高形式——乐。这是一个递进的关系，体现了孔子所谓"兴于诗，立于礼，成于乐"。杨清如所传的三册教材，体现的正是这样的礼乐内容。《雅乐讲义》一册，是礼乐基础性理论书籍，从礼制到文庙祀

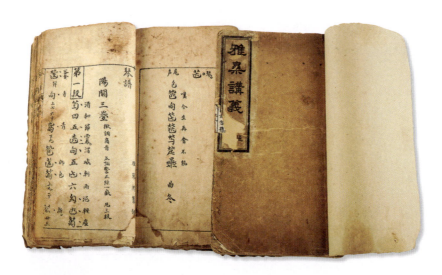

杨清如所传四川国学专修馆《雅乐讲义》

典，再到祀典乐章。祀典之乐强调音乐的雅正，自然要明辨律音，自然要推崇琴瑟之乐。而琴瑟之乐自然包括弦歌，尤其是"孔子皆弦歌之"的《诗经》篇章。《文庙丁祀武舞谱》一册，为孔庙祀典的舞蹈图文指导书籍，篇幅较短，可以看作具体的辅助性教材。另有一册封面已经佚失，每页中缝显示的内容有三：风雅词歌、琴歌、琴谱。该册内容仍然是祀典乐章内容的具体延伸，可以看作《雅乐讲义》的下卷。其中所选琴歌或琴曲，来自《理琴轩旧钞本》《百瓶斋旧钞本》《自远堂刻本》《舞胎仙馆琴谱》等不同流派的谱本，体现出教材编写者博采众长的文化视野。

理论上讲，这些教材的编撰可能出自何儒学之手，抑或雅乐科存在教员群体和传承式的教材编撰。但从教材编选来看，何儒学颇有心得的《渔樵问答》出现在第一首琴歌的位置；而《梅花三弄》选自《舞胎仙馆琴谱》，这是杨宗稷所编琴谱，其成书年代与何儒学教学年代十分相近。这些证据都支持教材出自何儒学之手。

需要指出的是，教材中弦歌占有相当大的比例，明显透露出教学重心对弦歌的倾斜。而当时正值虞山、广陵、九嶷等流派鼎盛之时，弦歌艺术受到普遍的诟病，就连对弦歌有深入研究的查阜西都愧称自己曾是一个每弹必唱的江西派琴人。这个时期弦歌所遭遇的，很大程度上已非明代"去文以存勾剔"之类的正常学术之辩，而是将弦歌视为俗乐加以全面否定的流弊的严重冲击。在这样的环境中，四川国学馆立足礼乐，重视诗教，进而注重弦歌艺术，体现出弦歌与国学诗教本来就存在的内在联系。教材这样的编排结构保证了教与学的完备性，避免了流弊的不良影响，这不能不说是何儒学、杨清如师生的一种幸运，同时也必然带来本正源清的教学效果。何儒学颇有心得的《渔樵问答》，本来就是明代江西派弦歌艺术鼎盛时期最为称道和流行的一曲，但此时江西派早已被流弊视为俗乐的代表性流派。这首弦歌与杨清如常弹的另外几首弦歌《访子期》《阳关三叠》都刊载在同一教材中。另有《琴歌概引》一文，是弦歌的理论性文章。两册教材汗渍斑斑，师生两代的心血凝结其中，昭然可见。

第二，《律音汇考》八卷共4册。

《律音汇考》是清道光时期浏阳邱之稑所撰的音律理论丛书。该书作者的音乐实践主要是孔庙祭祀乐典，自然偏重于礼乐，琴学只有卷八作专题讲解，所涉及的琴曲也是诗经有关的弦歌。这与四川国学专修馆教材对礼乐的偏重形成明显呼应，而且上述《雅乐讲义》中琴学概要的立调篇，明确以此书的"立宫之说"为标准。所以这套书由何儒学所选并传给杨清如的可能性极大。

尤为可贵的是，该书在音律理论研究上，对汉代以来的众多音律著述作了正误补缺，其中包括司马迁《史记》中有关音律的一些问题。再结合杨清如手抄古琴调式，可以反映出何儒学、杨清如师生对传统乐理的重视和造诣。

第三，《五知斋琴谱》6册、杨宗稷《琴学丛书》11册、《琴学入门》3册、《今虞》1册、《梅庵琴谱》1册。

《今虞》创刊号是查阜西和程午嘉赠送给杨清如父亲杨少五的。

杨宗稷《琴学丛书》，其中6册卷首序言页钤有"永川国学馆奖"朱文印，并用毛笔字改"奖"为"赠"。另外5册没有钤印，但要么有卷册顺序，要么书页侧面有毛笔字注明藏书名称和卷册顺序，所以这5

册与前6册内容上不可分割，均来自永川国学馆无疑。那么，永川国学馆与四川国学专修馆是什么关系，《五知斋琴谱》《琴学入门》《梅庵琴谱》是否一定来自四川国学馆，则无从考据。

这些不同流派的琴谱，以及前面四川国学专修馆教材所选来自不同流派的琴歌或琴曲，都是何儒学、杨清如博采众长的明证。而且这些琴谱和琴曲在总体上体现出对广陵派和蜀派的偏重。杨宗稷《琴学丛书》，其中《琴镜》3册，第二册收录《流水》琴谱，该谱出自蜀派《天闻阁琴谱》，正好是杨清如蜀派本土风格的代表曲。

综合上述分析，这些书籍构成了一个立足国学、重视律音、不废琴歌、博采众长的严谨齐备的琴学结构。因此可以得出结论，杨清如植根蜀派，博采众长。蜀派琴风，唐代赵耶利有"蜀声躁急，若急浪奔雷"之说。杨清如所留下的琴曲录音中，旋律的处理往往明快爽利，能够明显感受到她注重指力，过弦迅疾，这些都是秉承了蜀派刚健流畅的明显特征。而她落指精准，吟猱适度，刚柔相济，这些又受益于广陵、九嶷等流派清微淡远、细腻生动的影响。比如《绝响》所载录音，独奏曲《古寺钟声》和《醉渔唱晚》，按音准确，过弦灵活，轻便流畅，这些都是蜀派的风格特色。但整体上毫不急躁，恰有一种安适闲淡的意趣，这又是对《五知斋琴谱》等广陵派等艺术风格的长期实践所致。所以，弟子方文伟将杨清如的艺术风格总结为：植根蜀派，博采众长。在急浪奔雷、俊逸飚扬的蜀派琴风基础上，融入渊懿沉着、古淡从容的演奏风格。

突出的弦歌艺术。

杨清如琴学中对弦歌艺术的偏重和取得的艺术成就是显而易见的。从杨清如留下的音像资料来看,弦歌无论从艺术表现力,还是从所占比例上,都突显出她对弦歌艺术的情有独钟和较高的艺术成就。

《访子期》是杨清如爱弹和擅弹的曲目。前面提到1956年查阜西率领中央民族音乐研究所调查组进行全国琴人调查,这首弦歌就是杨清如接受采访时所录制的6首录音曲目之一。王迪当时跟随查阜西,是调查组的重要成员之一。王迪编著的大型弦歌专辑《弦歌雅韵》,为"二十世纪琴学资料珍萃"系列丛书之一,专载了杨清如这首弦歌,并注明系杨清如抄本琴谱。

1990年,成都第一届古琴国际交流会上,杨清如出场共两次,弹唱的都是弦歌《渔樵问答》。这也是杨清如唯一的影像资料,从中可以看出,对这首她的老师何儒学当年颇有心得的弦歌,杨清如经过数十年的演绎,已经深得神髓,得心应手了。

1994年,杨清如病重,弟子方文伟为她购买了一台双卡磁带录音机,她陆续录制了十数首琴曲和弦歌。2017年出版的《绝响》一书,收录了杨清如这部分录音中的11首,分别是《访子期》弦歌、《慨古吟》独奏和弦歌、正调《阳关三叠》独奏和弦歌、紧五调《阳关三叠》独奏和弦歌、《平沙落雁》独奏和弦歌、《古寺钟声》、《醉渔唱晚》。弦歌就有5曲,弦歌的比例明显很大。其中,《阳关三叠》有正调和紧五调2种,每一种都有独奏和弦歌,这样就有4种演奏形式。显然,杨清如在选择曲目录音时,不经意间已经显示出弦歌在她内心深处所占的分量。

杨清如在弦歌艺术上取得这样的成就,与她的天生禀赋分不开。

作为女性，杨清如嗓音天生清丽婉转，喜欢歌咏。她出身豪门，佳节盛宴，戏曲搭台，从小受到地方戏曲的影响，她的演唱具有明显的四川清音的声腔特色。加之对音律理解至深，多年弦歌实践，终于成就了成熟的弦歌艺术。从现存录音中可以看到，即便这些她暮年垂危时的歌唱表演，仍字音精准，声情并茂，体现出她对弦歌表演的得心应手。

从后天成长经历来看，前面从杨清如所传书籍分析了她的弦歌艺术渊源，而她的成长环境中不仅拥有何儒学这样的良师，还有当时四川这样一个弦歌不衰的琴学环境。事实上，自明代虞山、广陵诸派逐渐一统天下后，弦歌虽然日渐式微，但清代西蜀弦歌却出现一个繁盛的时代。可以参见李甦所著《当代成都地区琴歌艺术研究》一文，而这篇文章见录于唐中六主编《琴都流韵》一书。该书同时刊载了当代成都琴人多篇有关弦歌的文章，以及大量弦歌演奏和创作。杨清如的诸多同时代琴友中，重庆张孟虚和成都俞伯孙两位知名蜀派琴家身上，也不难看到弦歌艺术的突出表现。

张孟虚而立之年游学"北雍"（指北京大学），"文课之余，在北大附设音乐传习所选修国乐，受教于江阴刘天华先生，拨弄鲲弦……"张孟虚随其学习二胡、琵琶。同时，从音乐教育家、作曲家萧友梅学音乐理论，从川籍琴家杨希孟学古琴。他对诗词、昆曲都有研究，撰有《槐庵古琴谱》《槐庵琵琶曲集》《中国音乐基本理论》及《汉语字音唱法研究》等。

俞伯孙曾任四川省诗词学会理事，成都市东坡诗琴社社长，由此可知俞先生在诗词和古琴两个领域的造诣。他依据古诗词创作了大量弦歌，如李白《春感诗》《峨眉山月歌》《登锦城散花楼》《蜀道难》，杜甫《春夜喜雨》《蜀相》，苏轼《水调歌头·中秋》，李清照《渔家傲·记梦》等。俞伯孙辞世后，他的夫人也是他的弟子黄明康较为全面地继承了他的弦歌艺术，发表有《俞伯孙的琴歌艺术》。2007年中国唱片总公司出版了黄明康弦歌专辑《中国琴歌》，其中《阳关三叠》弦歌标明"重庆杨清如传谱"。这首弦歌正是前面杨清如琴学活动纪年中所记录的1991年俞伯孙写信向她求谱所得的正调《阳关三叠》。黄明康以她特有的嗓音和深厚的演唱功力，对这首弦歌作了发挥，演唱时间也明显长于杨清如，该曲可以说是得到了良好的传承。

如果说对弦歌的认识，张孟虚更多体现在字声研究上，俞伯孙更多体现在弦歌创作上，那么杨清如则是自娱自乐地将弦歌融入到一生的吟唱践行中。一个事实是，杨清如所历经的民国至新中国这个时间段，同时代知名琴家的现存录音，可以说很难找到比杨清如弦歌比重大的人。而且，《渔樵问答》是明代弦歌艺术登峰造极时流行最广的曲目，同时代琴家中却难发现将此曲作为常弹曲的。这些说明杨清如对弦歌的深刻理解不是一般人可以达到的。

2019年冬，方文伟叙于巴渝故里

回忆恩师杨清如先生

由于杨清如所处时代，有关她生平的文字资料并不多。现在网络上有关她的报道，都是一些见诸报纸杂志的文章转载，而这些文章的撰写者大都没有见过杨清如，不过是根据两个出处，一是段云璞的报道，一是唐中六的《巴蜀琴艺考略》。当年段云璞对杨清如的报道，虽然来自杨清如口述，真实性不容置疑，但只是从介绍重庆古琴的角度进行的简略报道。唐中六一直在成都，来重庆与杨清如相见交流毕竟也很有限。我虽然自1988年向恩师学习，直到她1995年弥留之际都独自陪伴，但那时的我尚年轻，很多重要的史学，甚至琴学本身的渊源，都不太懂得如何去珍惜，更谈不上会留心去向恩师系统性请教和记录有关她的生平事迹。而且，即便有些记忆，也缺乏资料证据，难以成为令人信服的史料。

正因为如此，我常想，以现有这些文字资料，真的可以给杨清如先生写一个完整的生平吗？如果不行，那么，我只想对恩师作一些回忆。这些回忆，虽然难以达到学术研究那样严谨，但我觉得于斯世恰恰会有其价值。因为能够让人回忆的，多是让心灵有过触动并在记忆深处刻下痕迹的东西。

写回忆，自然就省了好些文史必需的求证。比如有关天风琴社命名的由来，现在有很多种说法。按杨升平的说法："我们祖上开的钱庄叫'天顺祥'，我们杨家老院大朝门的牌匾上刻着'清白家风'，爷爷取两个的头尾，合起来，就是'天风'"。还有专家从"天风"本身的词义进行考证，归结于当时琴人结社时比较共同的想法。这些都说得通，又都缺乏必要的证据。就我从恩师那里听来的，是她家书斋之名，在成立之前家人早就把书斋用作弹琴之处，就称之为天风琴馆。后来重庆成为陪都，名流汇集，大家想成立一个琴社，因为得到杨家的经济支撑，于是就直接在杨家这个天风琴馆的基础上扩大规模。而天风的名字，本身就不错，自然也就沿用下来。记得我跟恩师学琴不久，恩师就和我讲到天风琴社，我主动问起天风的由来，恩师就这样告诉我的。当时说者听者都很自然，但是现在这样说，就缺乏旁证了。还好，我这是在写回忆，讲自己的故事，回忆而已，权当野史罢了。不过，认真想一想，恩师的话不无道理。左琴右书，历来琴家将自己的书斋作为琴舍者不在少数。再看天风琴社那张照片，二十几位人物中，竟有杨少五几位家人。可以想象，天风琴社设馆在杨家，琴馆的物质资助大部分来自杨家，沿用杨家原有的琴馆名，自然是情理之中的事了。谁会站出来说，这个新成立的琴社不要用杨家原来的名字，改成天风琴社更好呢？

　　在1984年聆听古琴被感染后，学习古琴就一直成为我的梦想。为此我通过函授班学习了基本乐理，为日后学琴作了积极的准备。20世纪80年代的中国，几乎就没有地方可以买到古琴。1987年年初，父亲得知单位里有位同事的儿子在北京从事音乐工作，便通过他联系上北京乐器厂，预订了一张琴。价格是四百元，这相当于当时一个普通收入者大半年的工资。据说北京乐器厂当时只有一位老师傅还能够斫琴。等了近一年，1988年春节前这位同事的儿子回重庆，将琴带回来了。拿到这张琴时，我是第一次看到真实的古琴。好笑的是琴弦都张反了。这个时期产的琴弦，缠绕雁足的一端钢丝是露出来的，呈一个封闭的环形，乐器厂居然不结蝇头，直接将绒扣穿在这个环里置于岳山之上。而且，做琴之人似乎不懂捻动琴轸来松紧琴弦，而是在两个雁足中间另外绑上一块长方形木块，木块的两边拧上螺钉，琴弦的另一端就缠绕在螺钉上，像琵琶、二胡那样来张紧琴弦。我那时也不懂，后来学习以后才明白。

接下来，就是找老师了。父母又托人去各个高校打听，可打听来打听去也没找到老师。这样过了好几个月，我有些心急了，便在电话黄页上查找到重庆音乐家协会。八月的一天，约上一位中学同学陪我一起到了音协，这时已经是下午快下班的时间了。音协是个清冷的单位，没有几个工作人员，我们正好碰上音协主席叶语老师。虽然是重庆名人，但这个时代的文化名人完全没有名流的架子，当他听说我来找古琴老师，露出一脸的惊奇，上下打量了我一番说："小伙子，你怎么喜欢这个乐器？"我对他简单述说了自己喜欢古琴的缘由，他沉吟道："古琴很高雅，但难听、难懂、难学！"他说这三难时话语一字一顿，给我印象很深。我非常认同他的这个说法，从一开始在磁带上听到琴声而产生对古琴的浓厚兴趣，到现在几年过去了，才逐渐听出琴曲中一些细腻的韵味。同时，我逐渐感受到周围人们对古琴的反应，要向他们讲解古琴的意趣，真是难、难、难！

过了几天，同学又陪我一起，按照叶老师给的地址，在渝中区人和街找到杨清如的住所。这是一栋20世纪60年代非常普遍的三层红砖楼房，底层的大门开在两端，大门处有楼梯，通往二三层。每层楼都是直通的过道横贯中间，房间分布两边，公用厨房和盥洗间则一般都设置在过道的中部。清如老师的家在底层，从右边大门进来的第一间。我们是吃过晚饭后来的，此时天色已暗，房门开着，门口挂着一张薄薄的布帘，透出很微弱的灯光。我撩起布帘，看到一间十几平方米的房间，屋顶中央垂吊着一只10瓦左右的小白炽灯，光线显得特别暗弱。依稀可以

1990年夏杨清如先生在重庆人和街旧居抚琴

看到屋里的陈设，几乎没有什么家具，各种东西密集地堆放着，显得拥挤凌乱。唯有屋子正中的一张琴桌，上面除了一张琴外什么都没有放，在室内其他物品的陪衬下显得特别清爽干净。我一直保留着一张1990年清如老师在这屋里弹琴的照片，照片的背景可以看到如许光景。此时，我看到一位老太太正坐在床沿上，她背对着房门，低头在整理着什么东西。我说明来意，她把叶语抄写地址的那张纸条凑在眼前仔细看过，对我点点头。这样我便开始了我的学琴历程。

老实说，初见恩师以及后来与她相处的相当一段日子里，除了满足了我长期学琴的愿望之外，并没有在恩师这里获得我所希望找到的那种文人雅士飘逸超脱的风雅，甚至有些方面还让人颇难接受。

首先是古琴的音量和音色问题。我欣赏古琴是从听磁带录音开始的。之前我能听到的就是李祥霆、俞伯孙等几位琴家所录制的几首曲子。因为录音棚里录下的音,古琴的走音都可以听到。而在恩师这里,现场的琴声远不能与录音相比。恩师有一张宋琴,还有一张民国时期家里自制的纯阳琴,上下面板都是桐木。两张琴的音色都好,但都有些沙音,尤其是宋琴,雁足处明显不能承压。恩师为了维护这琴,把弦张得松些,这样琴的发声在正常音高以下,远没有在磁带里听到的美妙。对于我这个年轻人来说,自然产生很多初学琴者容易生发的感受——古琴音量太小,进而会觉得古琴音色暗沉。我在后来相当长的时期,都是主张古琴应该有更大音量的那种肤浅认识者。

还有就是恩师的生活习惯。学琴之前,我总是把弹琴之人设想为充满书卷气的优雅之士,家里也应该窗明几净,书画满堂,兰菊交映。而恩师家中摆设凌乱,屋子采光不好,堆的东西太多,散发出一些不清爽的气味。正应了这个时候一般人的普遍看法,就是传统的东西总是那么陈旧,那么腐朽。这些似乎都延续着传统文化常常显现的那种荒冷而孤寂的表象。

尽管如此,我把恩师的生活习惯归结于年龄代沟。恩师那个年代的人,包括我的父母这些比恩师年龄稍小些的人,什么东西都舍不得扔掉,把屋子堆得很满。而且看到恩师佝偻的腰背严重弯曲着,知道她毕竟这样的年纪,这样的身体状况,我也就理解她,努力去适应她的生活习惯。印象很深的一次,是1989年第一次参加恩师的生日宴,就在恩师家里。屋子正中的琴桌也是餐桌,中午,恩师邀请了她的姑妈和另外两位亲属,我这个年轻人和几位老人围坐在一起,恩师拿起生日蛋糕所配的塑料刀开始切蛋糕,这种刀不像钢刀那样锋利,结果恩师把蛋糕切得七零八落，奶油弄得到处都是。恩师不时将刀上的奶油放到嘴里舔干净，又继续切。老人们接过恩师递过来的蛋糕，欢笑着，津津有味地吃起来。恩师也把一块蛋糕放进我碗里，还特地用刀舀了一些奶油，我用碗接过，极不情愿地一口一口慢慢吞下去。

到恩师家学习次数多了，对她慢慢有了更多的了解。

恩师家里有几个亲戚常来往。最初见到的是她的亲妹妹杨德如，她时常与她一起生活。只是当时恩师介绍时，让我称她二孃，所以恩师这位妹妹的名字，我很长一段时间都没有弄清楚。我还认识了恩师的一位姑妈，这位姑妈年纪很大了，和恩师的妹妹都属于那种非常清瘦的老人，身体单薄得好像一阵风就可以刮倒似的。姑妈爱抽烟，穿着很讲究，听说喜欢打麻将。这些让我想起她们年轻时应该就是那种身着旗袍烫着时髦卷发，成天无所事事叼着烟坐在麻将桌上的民国美女。

亲属中来得较多的是一位张爷爷。我是在初冬见到他的，年龄比恩师略小。他抽传统的叶子烟，满身都是浓重的烟味。恩师让我称呼他为张爷爷。至于他叫什么名字，与恩师是怎样的亲属关系，我那时年轻，一直也没有再深究过。他的一只腿是瘸的，靠一根手扶支架行走。张爷爷很健谈，从他那里我得知了很多关于恩师家族新中国成立前的一些往事。特别是杨氏家族在当时重庆政商界的影响力，每每讲到这些内容，张爷爷显然有一种为杨氏家族当年荣盛颇感自豪之情。张爷爷还说起当年冯玉祥经常派警卫员来家中接恩师去他那里弹琴雅集。恩师在一旁点头，并说冯玉祥古筝弹得尚可。我还追问冯玉祥会不会弹古琴，恩师摇头说不会。

张爷爷讲的这些应该都是实情，因为恩师在一旁听时，有时张爷爷说的话恩师觉得不准确，便会打断他与他理论。

　　恩师的妹妹和张爷爷对古琴明显是有一定欣赏水平的。记得跟恩师学习的第二年就学《梅花三弄》了，有一次我弹完这个曲子，张爷爷在一旁叼起叶子烟，很沉醉地夸奖说我的琴弹好啦！类似的话恩师的妹妹也说过，不过在恩师家里学琴不到一年，她就辞世了。关于这位妹妹，有两件事让我记忆犹新。

　　这两件事一前一后，都与古琴有关。记得我跟恩师学琴大约半年，一天去到恩师家，刚一坐下来弹琴，恩师就在一旁嘀咕说琴被摔坏了。恩师当时只有两张琴，一张是宋琴，一张是杨家自制琴。杨家这张自制琴，是一张上下板皆桐木的纯阳琴，音色干燥，所以恩师用丝弦张之，但仍然不能解决问题。所以一般都用宋琴，包括让我学习和练习。宋琴音色绝美，操控轻便，不想这次却摔落地上，一弦外六七徽处的琴面被撞出一个较大的凹陷。但是恩师却说，上周四弦突然断了，后来她妹妹就把琴碰落到地上摔坏了。

　　我闻之愕然，这四弦断了和她妹妹摔坏琴有什么联系呢？

　　"四弦断了不好！"恩师加重语气重复了一遍。我还是不解，但恩师一向话少，看她这么肯定，又不再解释，我就不好再追问下去了。

　　几个月以后，她又一次稍显惶恐地对我说四弦断了。结果一周后妹妹去世了。于是她对我说，你看，我说过四弦断了吧。我这时才算真正明白。可惜的是，我那时同恩师交往不多，与她这位妹妹谋面的次数不多，一直没有问及她这位妹妹的名字和排行第几。恩师还有一个妹妹叫杨淳，一直在云南生活，我从未与她谋面或者书信交流，应该后于恩师过世。之所以清楚记得这个名字，是因为我特别喜欢明代书法家陈淳，所以，有一次恩师拿着一个杨淳寄来的信封给我看，便记住了。

传统文化中交杂着较多神秘化的流弊，所以我不想对这样的事情加以渲染。但这样的事前后两次真实地发生在身边，把它们记录下来，权当古琴相关的一些奇闻逸事吧。按古琴正调，四弦是商音，商音主悲，四弦的自然断裂由此被看作一种不祥之兆，这样的附会似乎有理可据。

随着学习的深入，我对古琴、对恩师的一些认识也在发生巨变。尤其是我发现传统文化带给我的孤寂其实在恩师这里早就存在了，于是我在恩师这里真正找到了这些年来苦苦追寻的高山流水的情怀。

我是从学习《关山月》开始的，之后又学了《阳关三叠》《酒狂》《醉渔唱晚》等曲，恩师在弹琴轻重缓急的表现上，对很多音都讲究轻弹，讲究右手手指肉甲的并用。尤其是听恩师弦歌，很多之前感知不到的韵味逐渐呈现出来。这让我逐渐体会到古琴传统的"韵多声少"，古琴的韵味很多是那种发声小甚至不发声的弦外之音营造出来的，只有长期的习练才能深刻体会到。这样，我彻底抛弃了之前听恩师现场弹琴总觉得古琴音量小音色暗沉的那种感觉。

1991年是我学琴的第四个年头，这时我已经能弹《梅花三弄》《渔樵问答》等大曲，于是我主动向恩师提出要学《潇湘水云》。从这个时候我才算真正认识恩师的琴学修养。

之前只知道恩师喜欢《渔樵问答》，经常弹唱给我听，而《潇湘水云》她从来没有在我面前主动弹过。跟她学习此曲，才知道此曲原来也是她最喜欢的曲目之一。恩师弹此曲，本《五知斋琴谱》和《琴镜》谱，又参合重庆同好手抄吴景略谱本，故而深得该曲神韵。而我喜欢此

1993年冬杨清如在重庆谢家湾方文伟家中留影（一）

1993年冬杨清如在重庆谢家湾方文伟家中留影（二）

曲，始于1986年重庆电台播放的李祥霆领衔的古琴与乐队合奏曲，后来又听过龚一的独奏版。当我学习到曲子的中后段，记得是一个星期天下午，我在恩师家又学了一段，这一段名指从二弦开始，依次在各弦十二徽和徽外交替绰注，旋律激进上升。这段乐段在当时能听到的李祥霆和龚一的录音中是没有的，之前恩师弹到这里我也注意到了，现在学完这段，有了自己的体会。当我再一次听恩师示范，旋律直入人心，引得心神激荡，不觉流于行表，在一旁直呼"太好啦！"恩师将手停下来，眼神从琴弦上抬起来侧看着我，嘴角泛起一丝轻微的笑意。在这一笑之中，我分明看到恩师眼中灼灼的目光，这道目光正好与我的眼神相撞在一起。我看到恩师眼光里对我的肯定。而正是基于这样的肯定，我从恩师的眼神里还读到了我长期以来渴望的那种知音间的会心一笑。要知道，我之所以向恩师主动提出要学《潇湘水云》，是因为这首乐曲令我产生了特别深的触动。曾经多少次我爬上重庆郊外的山头，心中哼着潇湘的旋律，把峰顶踏遍，涕泪交零。我以为我能够体会到的古琴最深刻的思想情怀都在这首曲中，而现在，我和恩师的心神竟在这深刻之处不期而遇了。应该说恩师只是把我视为一个难得的学生，但我此时却将恩师视为知音。恩师这道目光向我诠释了会心的真正含义，这是我的生命中第一次感受这样的笑意，期盼了很久，而当它真正出现时，又大大超乎了我的预想。于是，这一瞬间刻骨铭心地凝结在我的记忆中，烙入心田，永生难忘！

  从这之后，我之前对恩师那些因为年龄代沟所致的生活习惯差异的感觉骤减，我对她产生了家人般的感觉。每次去她那里学习，我都愿意留下来与她一起吃饭。我会买一些卤菜之类的下饭菜，而她也明显表现出对我慈母般的关怀。我发现，除了正餐之外，一般情况下还可以吃到银耳莲子汤、黑芝麻汤圆之类的自制保健品，以及各种点心水果。恩师虽然身体不好，弯腰驼背，但头发一直都是青丝，直至辞世都没有白发，这可能与她常常自制这些保健品有关。

在恩师家里待的时间长了，发现房间的凌乱很大程度上是因为空间造成的。因为缺少大衣柜和碗柜之类的家具，很多物品只能叠放在一起。但那些看似杂乱的锅碗瓢盆，里面盛着什么物品，恩师心里非常有数。我还看到之前忽略的很多细节，比如沙发。说是沙发，千万不要理解成那种高档的真皮或者布艺沙发，而是那个年代流行的一种自制的布料沙发，这种沙发往往不到一年时间，内部的弹簧就开始出问题，造成沙发表面凹凸不平。恩师在沙发上很少放置多余的东西，沙发后面的那面墙，虽然墙体斑驳，但清清爽爽。原来墙上有一幅画，后来恩师把我写的一幅书法立轴换上去。那是专门写来送给她的，书法的内容是冯梦龙《俞伯牙摔琴谢知音》开场的那首诗：

浪说曾分鲍叔金，谁人辨得伯牙琴。

于今交道奸如鬼，湖海空悬一片心。

慢慢地，恩师几乎养成了一个习惯。每次教完我所学的乐段，我开始练习时，她就在一旁削水果。握着恩师递来的水果，很多时候，我环顾这个狭小的房间，静静地看着墙上自己写的那幅书法，在心里默念着冯梦龙的诗。我觉得自己同她，是师生，更是知音！

恩师妹妹辞世后，起初姑妈和张爷爷也经常来，或是年纪大了的缘故，后来也很少来了。至于学生，就我所见，恩师前后收过七位。除我之外，都是女性。在我之前有两位，一位学了几个月就因为工作移居外地了，后来也曾谋面。另一位据说之前就有些古琴基础，我看到她时，她已经能熟练弹奏《关山月》，在跟恩师学《醉渔唱晚》了。这位师姐也算积极，但不知为何后来就来得少了，到后来偶尔来一次，先前弹的曲子也手生了。我之后的四位，其中一位也是因为工作移居外地，同恩师学琴时间较短。倒是她介绍的一位小姑娘小宋，虽然没学到什么曲子，但前后断断续续来恩师家超过两年。还有一位是在校的中学生，因为喜欢武打片，被其中古琴的片段激发，一时兴起，听恩师说总共就来上了三次课，我一次也没碰上，只见过她写给恩师的一封信。

这个时期古琴是冷门中的冷门，求学的人本来就少得可怜，这几位学生能够主动找上门来学习，已经难能可贵了。当然，恒心或者说定力毕竟是更高一层的要求。一旦缺乏定力，会给自己造成一个尴尬的学习局面。尤其是那个时候，没有手机可以方便地录音录像，没有网络没有视频没有雅集，一旦在家不练，又得让老师从头教起。次数一多，且不说老师不开心，学生自己也会产生自责。再看到其他学生学得积极有效，便可能产生自卑，干脆就不再来了。

这样，从1992年开始，恩师基本上就是独自在家，我能感受到她的孤寂。恩师是那种话语很少的人，几乎不评价人。有那么两三次，我见过她表达对一个人的不认同，都是同样的表达方式：笑笑然后说"这个人多扯的"。重庆话"多扯的"有多层意思，诸如有点超出想象，有点滑稽，有点不可理解，等等。不管怎么说，都是一句很温和的话。对于学生们缺乏定力，恩师便用这样的话表露。恩师看重学生的定力，体现了她作为一个中华传统文人的基本素养。她既然能够向我表达对其他学生的这种看法，自然也是看到我能够持之以恒。多年以后在唐中六先生那里进一步印证了这一点。唐先生当时是成都歌剧院院长，与恩师有交往。2009年，我在广州参加的一个琴会上遇见唐先生，他无意中说起恩师曾给他的一封信中提到我。我后来专程去成都，在唐先生家里看到恩师这封信。这封信写于1993年9月，一共两页半，主要述说了她是如何保留那张宋琴，回绝了众多购琴者，其中不乏在她经济拮据时伸出援手的琴人挚友。信中提及我，她说："我的学生方文伟，学琴已五年，还有恒心，有认识，几年来对我生活非常关心照顾。"在恩师看来，习琴五年对琴只是有一定认识，那么她显然更看好我的恒心和对她的感情。说实在的，恩师写这封信时，我那时二十几岁，与很多人一样，学了几年琴对自己颇为满意，因为肤浅，看不到前辈的长处，也就看不到自身的短处。现在手捧恩师这封信，既惊讶，也不惊讶。

小宋没有琴，我这时又在同学家借得一张民国时期的老琴，便把自己买的那张琴借给她。小宋学琴虽然远不及我积极，但她为人挺有人情味，每次来恩师家都要给老师买点东西。小宋过年过节都打电话给我，邀我一起到恩师家吃饭。恩师家里凌乱，小宋每次做饭时都顺便做清洁，她做的饭菜也好吃。这样，1992年前后的各个节日，一般都是我们师徒三人在一起，虽然不像之前恩师的姑妈、张爷爷等亲属围坐一起那么热闹，但看得出恩师还是挺开心的。

随着同恩师的感情逐渐至深，我感受到恩师的孤寂不仅仅源于古琴的曲高和寡，还有一个主要的原因就是她的身世。恩师在面对逆境时所表现出的人生态度。这正是她学养的最好体现，而这才是恩师给我最大的启迪和感动！

恩师的生平在1950—1970年这一时期几乎无迹可循，她也很少对我提起这一时期。但是，如果稍加留意，还是可以捕捉到一些情节去感知恩师的心路历程。这一时期，恩师从一位左琴右书的大家闺秀，成为一个自食其力的劳动者，这个蜕变过程遇到的困苦，可想而知。

1956年查阜西率中央民族音乐研究所调查组进行全国琴人调查，据考，查阜西一行到重庆的确切时间为7月18～20日。当查阜西听完恩师一曲《忆故人》，赞赏道："杨清如女士家学渊源，徐元白君早告诉过我，我们神交已久。"

除了其父，恩师的个人生活也是一波三折。她与前夫在婚后逐渐感情不和，这个事情恩师自然不会对我说。但张爷爷倒是提到过，说是前夫王迪生与恩师感情不好之后，还将自己喜欢的女子带回家来。张爷爷言下之意，恩师与前夫分手，是完全在理的。虽然有一段这样的经历，恩师后来总算遇到了情投意合之人，四川省川剧学校的朱协中。朱协中也是搞音乐的，尽管不是专业琴家，但与恩师共同语言应该很多。恩师所传的《梅庵琴谱》，便经过朱协中的修补，并在封面上题字，其书法间架规范、顿挫有力，不难看出是一位有相当文化修养的人。我后来想，恩师对朱协中可谓一往情深。她在1994年患病严重之时，我曾经问她是否给远方的亲属写信，因为我一直知道她有个妹妹杨淳在云南，看到过来信。但恩师没有让我联系她，却给了我一个地址，是朱协中的儿子朱成，当时在成都温江县氮肥厂工作。朱成并非恩师的亲生儿子，显然恩师心里把朱成视为了亲人。朱成给我回了一封长长的信，我了解到当年恩师所承受的磨难。2019年，我在写这段往事时，又联系了退休在家的朱成，将恩师这段历程作了细致的梳理。

重庆市1954年工人文艺观摩会演，朱协中代表西南医药公司工会演出琵琶独奏《阳春白雪》等曲子，获得器乐演奏节目奖

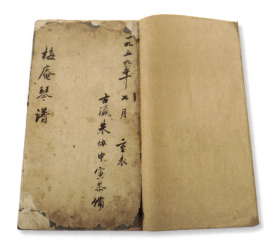

重庆市1956年春节群众文艺会演，朱协中代表医药批发站工会演出琵琶独奏《十面埋伏》，荣获演出奖励

朱协中修补并题字的《梅庵琴谱》："一九五九年七月 重表 古瀛朱协中寅恭备 梅庵琴谱。"

朱协中出生在上海崇明，新中国成立后，先在重庆医药公司工作，后经朋友介绍到四川省川剧学校教琵琶、三弦。当时恩师在糖果店任会计，因为音乐活动两人得以相识，并于1956年结婚。

朱协中与前妻育有三女一男，朱成是最小的儿子，生于1946年。父亲离开上海时朱成才3岁，10岁那年，即1956年，朱成被父亲接来重庆，在重庆生活了一年。1957年，川剧学校迁往成都，与四川音乐学院相邻，朱协中随单位一起到了成都。恩师和朱成也一起到了成都，恩师在成都小住了一些时间，并与朱协中一起加入了中国音协成都分会。之后，因为工作恩师又返回重庆，此后两年多时间，恩师与朱协中分居两地。

朱协中一直患有高血压，1959年8月病情有所加重，恩师便辞去重庆的工作，9月赶到成都，与朱协中一起住在川剧学校宿舍。这时，朱成已经上初中了，恩师来后，因为宿舍房间小，朱成便长期住校。朱协中虽然抱病在身，但恩师来到成都与他一起，生活中还是平添了些许亮色。朱协中修补《梅庵琴谱》，题字显示是1959年7月。也是这个时间稍后，恩师与成都琴人时有交流，走访喻绍泽先生，以及之前在重庆就相识的俞伯孙先生。

1964年12月21日，朱协中还在教音乐课，突然中风倒下，被送往医院，夜半便辞世了。当时朱成住校，晚上得知此事，匆匆赶到医院见到父亲一面，朱成清楚记得那天是冬至。我比较认同朱成这一说法，朱协中虽然患有高血压，但他的突发性病情确实与他的精神状态有很大的关系。在那个年代里，个人因出身成分所遭遇的政治压力是异常沉重的。这从恩师对自己的出身成分有所保留也能看出端倪。俞伯孙在1982年第

1956年摄于重庆（据朱成回忆）。前左为杨清如，前右为朱协中，后右少年为朱成，后左为朱协中的朋友杨开泰（杨开泰是朱协中和杨清如的红娘，当初也是他将朱协中推荐到四川省川剧学校任教）

2期《重庆音讯》中著文，记录了恩师在成都的有关活动，但俞先生犯了一个"很大的错误"，说恩师的宋琴和琴谱是花重金购买的。俞先生为何对恩师有关活动等记录翔实，却在这一问题上如此随意漫笔呢？细想起来，不是俞老糊涂，而是当时结识恩师时，恩师对自己的出身有所保留。

尽管恩师这些经历是我逐渐梳理出来的，而且我跟恩师学琴的那个时候尚年轻，难以将这些事件联系起来，但一个稍明事理的人，在与她交往的点点滴滴中，都会或多或少感受到时代岁月沉淀在她身上的那种挥之不去的孤寂和困顿。恩师出身豪门，蒙尘世间，膝下无嗣，晚年孤独，我当时已经能够对她人生中的许多境遇感同身受。我能够理解，像她这种在新中国需要接受改造的人，注定了她难以交友，注定了她不会受人关注、生活圈狭窄。所以每当我听到《胡笳十八拍》"天不仁兮降乱离，地不仁兮使我逢此时"这两句，就会自然而然与恩师联系起来。

然而，恩师给我思想的启迪，远不止这些。

1992年的春天，我提出带她去南山春游，恩师高兴应允。这是我和恩师两个人第一次出去游玩，那时的交通，先要从解放碑坐公交车到望龙门，再坐轮渡到南岸，再上山。记得从解放碑坐车经过储奇门那段公路时，她指着路边山丘上一幢旧式洋房对我说，这就是他们家原来的房子，她就在这里出生长大。我当时只是在车上一瞥，有些印象，记得好像是一幢两层楼房，民国时期那种典型的青砖青瓦洋房，算得上民国时代重庆城里最富丽典雅的楼房了。可惜当时没有注意车行驶在具体哪段公路上，恩师去世后我还曾去这段路找过，也没有找到。她指着这幢洋房说的时候，没有什么特别的表情，要知道平常我在恩师家里常能感受到姑妈和张爷爷提起昔时的那种荣耀感。难道恩师就没有在心里对比过现今狭小的陋室，但为何她的脸上看不到任何失意和抱怨呢？

也许"有大通必有大塞"指的就是这种情形，我开始感受到恩师那种抱持自性的本真。恩师人生横跨了巨变的时代，不知她在这种巨大的落差中，究竟经历了怎样的心理历练？她的骨子里有大家闺秀的气质，我有时陪她出去，无论是游玩还是看病，她总是穿一袭黑色或者灰色的套装，利落得体，雅致脱俗。同时，我又能感受到时代带给她的孤独和困顿。而现在，我能够感受到她在这孤独和困顿面前所表现出的人生态度，即她对生活中一切迎面而来的境遇都真实地地去承接，她这种自然

1992年春杨清如与弟子方文伟游重庆南山留影

而然的本真状态，更加猛烈地撞击着我的心扉。我坚信恩师这种本真的人生态度，就像她那种大家闺秀的穿戴一样，很多应该源自她的文艺修为，于是我在接受她给我琴技上的身教言传之外，更多去思考艺术所包含的人文思想和精神境界。

传统文化难免夹杂着些流弊，容易给人造成故弄玄虚、道貌岸然的感觉，抑或追求形式的刻意解脱。在恩师身上，我没有看到她修炼了什么秘籍来应对生活，她在生活中遭遇的一切，既不会单向地忍耐，也不会刻意去回避，而是自然而然地接受，自然而然地表露。每天她佝偻着严重弯曲的背到菜市场去买菜，回家洗衣、做饭。生病了她独自去医院看病。琴破损了，她去找人修缮。

同样，我感受到她在用对待生活的态度对待古琴。她可以接受琴中那些超凡脱俗的修心，却没有刻意避世的死心。换言之，她既接受"琴者禁也"那些可以超越七情六欲的修炼，也保持着"琴者情也"那些生命应有的喜怒哀乐和责任担当。所以我看她弹琴没有丝毫的故弄玄虚和矫情造作。她当时其实并没有什么名家的光环，加上她朴素的平民生活状态，实在是太不起眼。恩师的弹琴演奏更多地保留着蜀派的风格，可能在某些人看来会少了些清微淡远的雅致抑或心澄月明的意境。但她对琴的态度，就是她对生活的态度，她在生活中能够保持宠辱不惊的心境，她的情怀就是高远的，她用这种高远的情怀来演绎琴曲，她的琴韵又怎能不高远呢？

恩师酷爱的，除了古琴，还是古琴。她平生最喜欢的是《潇湘水云》和弦歌《渔樵问答》。我以为，恩师作为一位曾经的大家闺秀，她对《潇湘水云》的感怀未必从郭楚望的政治视野去展开。但她一生遭遇了太多的坎坷，潇湘曲中深隐的那种无助和抗争，她完全可以用人类普遍的情感模式接受后再具体化为自己的心迹。所以，她弹奏的潇湘是深沉的，这是现今那些将潇湘、广陵诸曲作为技巧难度系数来加以练习炫技之人难以企及的。再联想到恩师常年在那间狭小的陋室中夜深抚琴、独自高歌的情形，她该把浮生漂泊都看作了《渔樵问答》曲词中那种"湖南湖北是生涯"，方可在斗室中"无挂碍，别红尘，只疑身在五云中"。什么清微淡远，什么清操绝俗，什么淡泊名利，都不是秀出来的，是曾经沧海后自然而然的淡定从容。所以，我坚信我是走入恩师心里的人，我看到的，不是什么古琴大师，而是一位为学认真严谨、为人有情有义的血肉之躯。

1994年夏方文伟夫人杨小铃与杨清如合影

由此我从恩师身上感悟到人文思想和精神境界，这其实就是通常所说的情怀。它的极致应该是宗教精神，生活中便是常说的诗情画意，只是人们熟视无睹，已经忽视了这词的深意。情怀在文艺中应该是远比技巧更加重要的不可或缺的内核，而技巧仅仅是手法。或者更准确地说，一切技巧只有在情怀的引领下才可能展现出人文思想和精神境界。如果一个人从事文艺不重视情怀，他的作品便只是一些技巧的堆积。而他长期只关注技巧，往往会陷入这个狭小的空间，容易沾沾自喜和向人炫技。相反，恩师正是因为具备了丰富的情怀，才能自然而然做到与人为善、与世无争。

搬到文史馆后，恩师的生活圈还算有些亮色。在搬家前不久，恩师前夫的亲属中有一位小姑娘叫小王,过来与恩师住在一起,后来又随恩师一起到了文史馆。小王开始对古琴没感觉,后来因为天天同恩师在一起,渐渐也能弹上两三支小曲子。她曾以年轻人那种口吻对我说,其实学古琴一点都不难。不管怎么说,小王也算是恩师生前教过的最后一位学生了,也是我所见恩师收的第七位学生。

小宋也来这里看望过恩师,那是小宋最后一次来恩师家。当时便携式的VCD播放器几乎没有,有一天她打电话给我,说男友从日本带回来一个,她又买了古琴VCD碟,我们下班以后便一起去恩师家。恩师第一次看VCD,拿着播放器翻来翻去地看,像个孩子。

因为就住在文史馆中,很多文史馆馆员和工作人员也常关心恩师。有位叫曹惠白的馆员,只要家里烧鱼炖鸡,都会给恩师捎来一碗。恩师特地把她的姓名告诉我,我便找到她当面致谢。另一位馆员江友樵,是知名书画家,住在文史馆旁边的宿舍楼,常来恩师这里坐坐。时间一长,小王也跟江老师学书画。我白天来恩师家,有时也会同江老师一起上三楼的书画室,看文史馆的老先生们创作书画。这些老先生都是当时重庆书画界的巨擘,观摩他们现场运笔,对我的书画有很大的裨益。我存有三枚心仪的印章,为馆员吴硕人所刊。他是知名篆刻家,他对古琴的崇敬出自一个他自拟的非常可爱的结论。他曾对我说,琴棋书画中棋的境界不如琴和书画,棋需要两人玩,易起争端,而琴和书画是一个人的空间,尤其是琴最能引人入心。故此,他十分敬重恩师操琴,对我学琴也赞许有加。

1994年夏天,恩师的眼病加重了。她的右眼近两年一直红肿发炎,去过多次医院,但效果甚微,慢慢病变成恶性肿瘤。一年前找到当时重

1994年夏方文伟与杨清如、江友樵在重庆文史馆合影

庆的眼科名医开刀治疗，此时病情复发，癌细胞在扩散，右眼开始失明，整个眼眶肿得很大。恩师也知道自己身体每况愈下，开始把自己所学的琴曲系统性地进行录音。恩师所用的录音机是我出差在广州买的一台国产燕舞牌双卡磁带录音机，当时这款国产名牌录音机质量还算过得去。现在想来，如果当时经济条件好一些，给她买一台日产三洋牌录音机，那她留下的录音效果就会更好。当时她就用这台录音机和她珍爱的宋琴在晚上一首一首地开始录音了。她对学术是严谨的，每录一首曲，都要事先反复弹奏很多天才开始录音。录音时如果弹奏效果不满意，她又重新录，直到满意为止。这样，录音进展得很慢，从夏天一直接近年

底才完成了11首曲子。这时,她的眼病已经到了非常严重的程度,完全没有能力再进行下去。所以她平生最喜欢、最擅长的曲目诸如《渔樵问答》《高山》《孔子读易》等都没有来得及录制,而《潇湘水云》仅录了一小部分,就不得不停下来了。她不无遗憾地翻录原始录音,一共翻录了大约十盒吧。她把这些磁带送给她认为应该送的人,比如文史馆馆长、文史馆办公室主任等人,把原始母带留给了我。

2017年《绝响》出版,收录恩师11首琴曲,这些都来自那盘录音磁带。值得欣慰的是,磁带录音经过高科技处理,很大程度上降低了原有的背景杂音,音响效果得以提升。从这些录音中可以窥见恩师的琴学水准。比如她的《古寺钟声》,取音精准,自然流畅,很难想象这样娴熟的演奏水平竟然出自一位右眼失明、右脑剧痛、行将就木的人之手!

入秋以后,恩师的眼病更加严重。为恩师看病的事,文史馆领导同我有过交流。馆长腿瘸,据说他这脚是在抗美援朝时负的伤,转业后受到政府照顾,来到文史馆这个清水衙门挂个职。馆长确有军人那种直率,他说恩师的状态让文史馆有些为难,言下之意对恩师的病单位是难有作为了,其实也就是有些不作为了。所以恩师来文史馆之前,还住过两次医院,现在搬来文史馆,就一直没有去住过院。单位的这种态度,我能理解。因为之前我陪恩师去开刀做手术,找的是重庆最好的眼科医生,现在这位医生得知恩师病情复发,就明确表示以恩师现在的身体状况和年龄,开刀治疗几乎是不可能了。

恩师心里也有数,只是有些绝望,更何况病痛时时来袭。我能做的,就是尽量让恩师多些乐趣。我知道她从来没有去过南山的老君洞,而新中国成立前她家正对着南山,可以看见老君洞。这时我的经济条件

1994年秋方文伟与小王陪同杨清如游重庆南山老君洞

要好很多，便带她和小王一起打的去。她显得有些累，便坐在石条上，佝偻着她那严重弯曲的脊背，鬓发在秋风中飘荡，我感到她如一片即将从树上凋落的枯叶，内心一阵酸楚。

1995年年初，她的眼病已经非常严重了，右眼早已失明，并肿大隆起来，整个右脸都因此变形，严重影响到大脑，影响到睡眠。几个月来，她甚至不得不靠吃头痛粉来减轻痛苦。我每次整理房间，都能看到桌上堆放着成沓的头痛粉包装纸袋。

小王不知何故离开了，然后来了一位叶婆婆，这个称谓也是恩师让我这样叫的，至于是什么样的亲属关系我也没有弄清楚。叶婆婆明显是那种一生劳作的乡下人，她虽然目不识丁，但讲起杨家昔时的风光，也是赞不绝口。又过了些时候，叶婆婆也离开了。恩师寝室的斜对面是门卫室，门卫是个年轻人，平常和女朋友都住在门卫室。文史馆领导看到恩师这个状态，便请他的女朋友来照顾恩师。

恩师也知道自己时日不多，很多次我要离开时，她总叮嘱我带些东西走。而我觉得这个时候拿东西走，好像真有些弥留之际的意味，所以每次都坚持不受。印象深的一次，恩师指着衣柜前面一只放在包装纸箱里的崭新的高压锅，非要我拿走，高压锅在当时也算是高档用品了。她都有些急了，我还是没有拿。我其实有过想要恩师影集的想法，最后还是没说出口，后来想起这事挺后悔的。恩师一共有两本影集，是那种照片贴在黑色底纸上的旧式影集，里面有很多恩师新中国成立前的照片，还有恩师家人的照片。恩师孩童时期，大约10岁时比较胖，完全不像现在这样清瘦。记得我第一次看到她孩童时偏胖的照片，有些不太相信是她，她露出她那特有的略显羞涩的表情点头称是。如果当初拿了这影集，再追问恩师一些事情，后来给恩师写资料，也会有更多内容了。

不过，就这样恩师还是让我拿走了两样东西。一是她的存款，有几千块，当时恩师家里凌乱，看到恩师将存单这里一张那里一张藏在书里或者衣柜里，我也不放心，便拿了为她保存。这些钱后来我通过文史馆交给她亲属，作为每年祭奠的经费了。还有就是《今虞》琴刊，恩师给我这本书时不是商量的口吻，而是带着托付的口吻，要我把这本书好好保存。这本书极具史料价值，是查阜西、程午嘉送给恩师父亲的。当年恩师父亲或许也是这样传给恩师的吧，恩师便一直带在身边，少有示人，可以看出杨家世代对这本书的珍视。

那个时候，年轻的我处理事情总是不太灵活变通，有一件事让我抱憾终生。

2月的一天下午，她从床上坐起来，可能是剧烈的疼痛刚过去，精神稍好一些。她突然招呼我过去在床沿坐下来，与我交谈，而且话多起来。这不是她的性格，她一向少言寡语。此刻她竟然主动对我讲起她的过去，讲起她那些不好过的日子。她一连叹了几口气，用非常低沉的声音说："那个时候哟，养几只鸡都被人打死，不许养！"

"不许养！不许养！"她喃喃道。我没有追问她所说的究竟是什么年代，但也能猜出几分。在那个年代里，像她这样旧时的大家闺秀，是没有地位的，甚至很多时候都是要被管制被改造的。我没有记错，这是我们相处近八年中，恩师唯一的一次向我诉苦，可当时我竟然因为她的身体状况，打断了她的话并让她休息。于是，她不再说话，慢慢地仰面躺下去。后来，我不知有多少次回忆起这个情形，懊悔万分！我觉得是我当时的无知，压制了她生命最后阶段的一次情感宣泄。要知道，恩师的一生中，如许的情感积淀应该太久太沉重了！

到了3月下旬，恩师右眼不时流出脓水和血，经常处于昏沉的状态。这一天，她可能是夜里疼痛难忍，大脑神经也有些错乱，竟将屋里的东西弄得七零八落。据照顾她的门卫的女朋友说，恩师当夜紧紧地抱着宋琴，直呼有人要抢她的琴。后来我看到宋琴上沾有好多恩师眼里淌出的脓血，还有那本她总是放在桌上翻阅的琴谱，至今封面上仍有明显的血迹。

下午，文史馆为恩师联系好医院，就是位于观音桥的江北区第一人民医院。文史馆的车在外面等着，恩师需要下床走出房间。她身旁有那位门卫的女朋友，还有办公室的工作人员，突然大家都发现她已经小便失禁，于是迟疑着，商议是否为她换衣服。有人说，如果换了衣服再

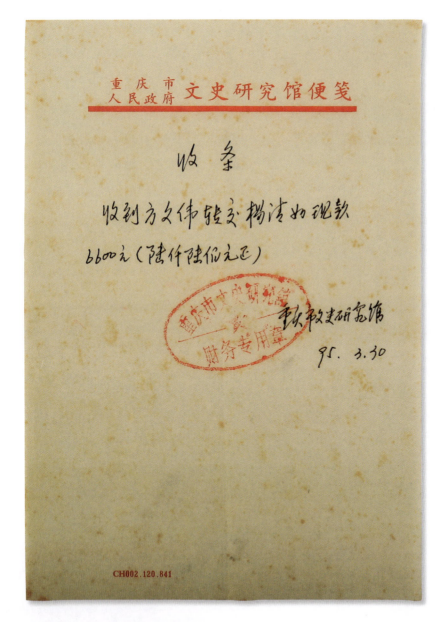

重庆市文史研究馆出具的收款收条

走，路上可能还会小便失禁的，要不先到医院再说，反正医院挺近的。这时，司机在屋外高声催促。看着众人小心翼翼翻动着恩师身上的衣服要挽她下床，我不知哪来的一股劲，上前一把将恩师背在背上，径直就去到车里。坐在车上我才发现，我的双手、衣袖和背上满是恩师的尿液。后来常想起这个时刻，总弄不明是什么具体的意识能够在那一刻驱动自己一跃而起，也许这就是常说的素养使然吧。

恩师到了医院，仰面躺在病床上，闭着双眼叫我的名字。她要我留下来，说有要紧事。等其他人走了，结果她说的要紧事就是在她寝室的床头书柜里，琴谱中夹了1600元现金。其实恩师之前也把一些定期存折交给我保管。后来我到寝室里取出这些现金，令我有些吃惊的是，这些现金都是十元面值的，当时早有了百元大钞，可见这些钱是恩师平日里攒下的。后来我把这些钱交给了文史馆，用在恩师的后事上。

恩师在医院里几乎都是处于昏迷状态，靠输液输氧维持生命。几天以后，1995年3月30日凌晨将近两点，恩师走了。那时少有手机，我的中文传呼机29日晚将近12点接到医院的信息。我匆匆赶到医院，这时恩师已经完全没有了知觉，唯有一丝呼吸尚存。我就在她病床边坐下来，盯着连接她呼吸的那个吊瓶中的气泡渐渐消失。

30日下午文史馆开了一个会，由文史馆的卢主任主持，参会人员有文史馆两位工作人员，恩师前夫的两位亲属，连同我一共六七个人。卢主任拿出一份恩师的遗书，当着大家宣读起来。恩师的遗嘱写在一年半前，也就是1994年年初，有文史馆书画家江友樵签字旁证，写好后交给文史馆馆长保存起来。遗嘱其实就讲了一件事，恩师把那张终身相伴的宋琴连同所有的琴谱都传给我。恩师传琴于我，我此时方才明白。等卢

四川省重庆市人民政府文史研究馆

证　明

兹有我馆之员杨清如先生生前立下遗嘱，将其古琴壹张赠送其学生文文伟，情况属实，谨予证明。

重庆市文史研究馆
一九九五年三月の日

地　址：朱子巷延99号　　电话：51503　　CH002.449.92.10

重庆市文史研究馆出具的传琴证明

主任念完遗嘱，我既吃惊，又感动。

第二天，我们便去到江北区的一个火化场。恩师的追悼会就在火化前举行，说是追悼会，其实到场的总共只有六个人，卢主任，文史馆的一位工作人员，那两位亲属，我和我夫人。虽然人少，卢主任还是挺严肃地主持了追悼会，他面对着我们五个人，代表文史馆高度评价了恩师的一生，赞扬恩师对重庆古琴艺术的贡献和成就。他大约说了三四分钟，说完后，问我要不要走到前面来也说一说。我对他摆摆手，他就没有再说了。整个追悼仪式就结束了。

恩师走后的数月，我常常有一种悲从中来的感慨。与其说是吊古，更莫说是伤今。文史馆的卢主任是个热心人，恩师在世时，对恩师的照顾，不论是出于单位领导的责任还是私下朋友的关心，都是到位的。卢主任对恩师的评价也是恰当的。但我由此想到，恩师这样一位在重庆古琴艺术领域有如此造诣的琴家，一位对中华优秀传统有如此深厚实践的文化人，在一个如此清冷又如此短暂的追悼会后，默默地走了！段云璞在《重庆古琴》中感叹："重庆琴人星散物故，如今只剩了张孟虚、杨清如二人，张孟虚今年九十六不能弹琴，只能意念中抚琴，杨清如十三学琴今年七十有七，六十四年的琴艺已到炉火纯青境界，但知音稀少，后继无人，重庆古琴几成绝响。"段云璞此话不虚，只有在那个时期亲近古琴关注古琴的人，才能深切感受到那是一个怎样的社会环境。所以我好悲伤，喜欢古琴这些年，就遇到恩师一个知音，现在恩师走了，今后便是自己一个人弹琴。我在此后的几年间，常常梦见恩师，大都梦见同她在一起弹琴。梦中她经常教我一些从未听过的优美曲子，醒来却忘记了。

为此我写过不少诗文，前后有十来首，现选录一首七言和一副挽联。

七言：

  凭栏夜半独操缦，随忆樵子与水仙。

  千秋高怀成古谊，知音二字渺云端。

  俗人熙熙常春煦，志士寂寂多秋寒。

  何当月满下三峡，踏碎清辉汉阳畔。

挽联：

  水仙之风范岂惟东海巨浪琼涛而来？

  知音所喟叹皆因尘世虚情假意以发。

这副对联我之所以满意，在于用了一个长句，这种竭尽气韵的长句更能抒发我的感慨之情。

历史总是会被后来之人按照自己的某些期望来解读和重构，所以才会涌现出那种惯常的佳话式、造神式的史料。而一旦形成这些史料，真实的历史便悄然远去。2013年年初，我创立清如古琴，这个时候我看到，很多与恩师同时代和稍晚的琴人经过造神运动已经被打造成大师，正在被弟子们或者自己用心地宣扬。于是我深知，我对恩师任何一点佳话式或者造神式的叙述其实都是对她的莫大不敬。2014年2月，我在江门清如琴馆的简介中写到：甘竭心力，创建清如琴馆，传扬杨师琴学风尚，以彰清如古琴宗旨：

  蜀声成追忆，惜志幽影单，常临荒径思烂漫；

  古谊贵稽考，叹术盛道微，遥从支离溯渊源。

2019年冬，方文伟叙于巴渝故里

清如传承

清如古琴

2013年春，蜀派古琴名家杨清如唯一嫡传弟子方文伟创办清如古琴。清如取杨清如之名，亦有心清如水之寓意，是一个以古琴为核心的纯文化研究和交流平台。目前在重庆和广东等地已形成一定的传承和影响。

杨清如（1913—1995），重庆人，20世纪蜀派著名琴家。生于书香门第，幼承庭训，一生操缦近七十年，尤擅弦歌。在继承急浪奔雷、俊逸飚扬的蜀派琴风基础上，融入渊懿沉着、古淡从容的演奏风格。

方文伟（1966— ），重庆人。1988年师从杨清如，幸得谆教，自此不辍，渐有心得。创办清如古琴，珍藏杨清如所传宋琴，全面整理继承杨清如所传各类古谱和手抄谱，注重弦歌艺术的研究。

传统曲：《高山》《流水》《醉渔唱晚》《梅花三弄》《普庵咒》《潇湘水云》等琴曲，杨清如手抄传谱《访子期》《慨古吟》和杨清如传谱《渔樵问答》《阳关三叠》等弦歌。

改编曲：根据越剧《张羽煮海》名段改编的弦歌、根据粤曲曲牌《小桃红》改编的弦歌、根据歌曲《知音》改编的弦歌、根据歌曲《画心》改编的琴曲等。

创作曲：依南宋张孝祥词《念奴娇·过洞庭》作曲的弦歌、依明代陈白沙诗《和杨龟山〈此日不再得〉韵》作曲的弦歌、依乐府长短句体裁自度曲《滩子口·江石相雄不相让》、依宋词体裁自度曲《懒问月·归棹》、依元曲体裁自度曲《储奇门·归梦远》等。

杨清如所传宋琴

杨清如珍藏一张宋代仲尼式古琴，此琴与她形影不离，陪伴终生。杨清如物故后，按照她的遗嘱，此琴传给了弟子方文伟。

2011年，方文伟将此琴托付佛山斫琴名家梁球修缮。工毕，方文伟作《宋琴修缮记》。

余因琴得识梁球师。初见，师含笑寡言，以为方言不通之故也。后知师号溪隐，与琴结伴，居家淡泊，少与人共餐，愈感师不好言。及至读其诗文，惊诧其国学渊源之至深。如"情怀出世，行动入世"，非于儒释道三教尽归于心者莫能言矣！因知师创设琴会于禅城，或聚于海口文塔，或集于祖庙前庭，其用世之心昭矣。故知人多见其独善其身而未识其兼济天下之襟怀也。尝作《溪隐自喝》，叹"往圣先贤之绝学，岂可无闻、无继、无传乎？"

余感其文，顾念吾师所传宋琴。此琴也，恩师杨清如一九九五年物故之时遗我。杨师乃蜀派琴门翘楚，琴学世家，此琴师家藏之精品也。余问琴之初旋见此琴，音色绝好。师不吝，每教琴即用之。后师年迈多病，常有磕碰。髹漆斑驳，沙音渐起。然师与我非亲，而于众人之中独赠予，何幸欤。每抚之，清音难再，不免临琴嗟嘘，深恐宋琴停响于吾辈！

梁师善琴，亦善斫琴，数年不辍。是以二〇〇九年于师家中，言及宋琴。师解余之忧，慷慨应允。言此琴必当修缮，方上不负先贤、下不愧后世也。余遂于次年春携琴托于师，精思细作，三年乃成。

余于梁师家中观此琴，师用心可谓尽矣。琴之雁足处添漆加固，弦得以张紧，音高遂复正常。岳山处朽木换出，增其高度，琴面整治光滑平展，于是置琴张弦，扣其音而沙音不存，吟猱细微毕现。徽位亦重定，按音泛音精准可循。又选上等紫檀，凡軫、軫池等承力处均用此木，于是此琴百代流传可期也。余甚慰，请师勒字以志，使后来善琴者可辨，亦有感于师之技也。初，师莫许，后力劝之，乃行。师手书"佛山梁球修复"，钤朱文圆印"梁球"。余亦手书"心清如水"以追怀杨清如师，钤朱文方印"绮霞散人"。俱镌于底板。今覆琴以观，绿书红印赫然其上，至此乃大善，而梁师"往圣先贤之绝学，岂可无闻、无继、无传乎"之叹，于此可稍释乎？

2013年岁末，梁师佛山琴会期刊将付梓，嘱予作文以记之。欣然提笔，拙成此文，并撰联以赞：

始乎宋、历元明清群贤俊赏，泂清如美手、溪隐匠心，大音延绵不绝；
备以清、并微淡远众妙云集，则岗峦舒阔、川流迂荡，盛德悠远长兴。

2013年12月，蜀中琴人方文伟叙于巴渝故里

修缮宋琴换下的旧承露

清如

宋 琴

这张见证至少七百余年时光的宋琴原本无名。在陪伴了杨清如先生一生之后,一九九五年将其赠予跟随她七年多的弟子方文伟。方文伟为了纪念恩师,遂将此琴命名为清如琴,铭以"心清如水",既念师恩,且明心志。

清如古琴

规格：通长122厘米，隐间112厘米，肩宽21厘米，尾宽14厘米，厚3.5厘米
年代：宋代
琴式：仲尼式
漆色：传统大漆髹黑
断纹：通体牛毛断
铭文：心清如水（巴渝方文伟为纪念恩师杨清如而题）
　　　佛山梁球修复（琴家梁球修复此琴后亲笔题记）
琴材：面板桐木，底板梓木

清如传承

正面　　　　　　　反面　　　　　　　侧面

清如古琴教学师训

习琴有初步意愿者，需尊师重教，具备对人类主流文化起码的敬畏之心；

习琴者，无论何时都不得将琴技作为人前炫耀的资本；

习琴有一定深入后，需广泛欣赏众多古琴流派的传世经典，及至世界音乐文化；

习琴有较深心得后，需重视古琴与音乐、音乐与文艺、文艺与宗教哲学、宗教哲学与修为之间的内在联系。

琴谱及相关文化思想表达

 杨清如传谱

- 访子期
- 慨古吟
- 渔樵问答

访子期

忆昔去年春,江上相逢君。

今日重来访,空见魂兮不见人。

伤心伤心倍伤心,伤心不禁泪双淋,

江汉为我兮生愁云。

一杯鲁酒祭孤魂,犹有一片的孤云、孤云。

静听琴中语,传岩角之声。

惟有思君苦,从此少知音。

翡翠瑶琴最为寒,子期不在对谁弹?

满面春风皆朋友,欲觅知音难上难。

势利交回的势利心,斯人谁复的念斯人?

伯牙集贤失子期,千古无人的说破琴。

叹今生,再会不能。

琴谱及相关文化思想表达

〔南宋〕刘松年 摔琴谢知音图

明代著名短篇小说集"三言"中有《俞伯牙摔琴谢知音》一篇，叙述了伯牙、子期从相识到相知，伯牙来年赴约，惊闻子期已故，继而摔琴不复再弹的感人故事。至今尚存武汉古琴台，有联"高山流水两曲琴，天下何人是知音？"

弦歌《访子期》引用了小说中的一些诗句，赞扬伯牙和子期的高尚情怀，同时表达出对世风不古、人心浑浊的喟叹。当悠悠琴声盘旋耳际，可否感怀到小说开篇那首绝句的弦外之音呢？

浪说曾分鲍叔金，谁人辨得伯牙琴。

于今交道奸如鬼，湖海空悬一片心。

"知音"一词虽出自古琴，实文化之崇高境界，故高山流水成为后世诗词文赋歌咏之经典题材。明代《风宣玄品》和《重修真传琴谱》均有《伯牙吊子期》弦歌，同名而词曲各异。杨清如传谱《访子期》，有刊印本，亦有其手抄本，二者略有不同。余习此曲数载，以为手抄本不同处自有妙境。如首句之第四音，刊印本为按音，手抄本为散音，而此处散音更善。中华书局出版的《弦歌雅韵》，选自王迪整理的弦歌，其中载有杨清如传谱《访子期》，归于抄本琴谱之类。王迪于1956年随查阜西古琴采访组辗转各地，杨清如《访子期》录音在其列，有明确记载。此当为其弦歌选编之故也。

二〇一六年六月，蜀中琴人方文伟叙于江门清如琴馆

清 如 传 谱

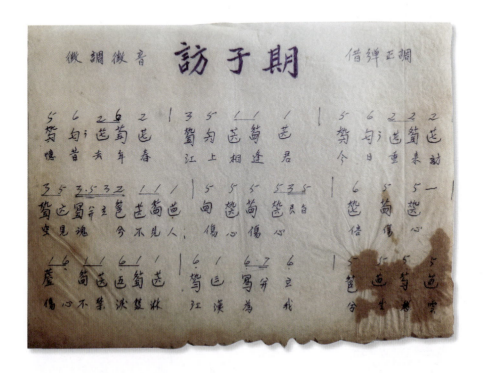

琴谱及相关文化思想表达

访 子 期

巴渝　杨清如　手抄传谱
清如古琴　方文伟　整理
清如古琴　容宇红　校订

1 = C
正调定弦：1 2 4 5 6 1 2

5　6　2 6　2 | 3　5　1 1　1 | 5　6　2 2　2 |
忆　昔　去　年　春，江　上　相　逢　君。今　日　重　来　访，

3 5　3·5　3 2　1 1 | 1 - 5　5 5　3 5 |
空　见　魂　兮　不　见　人。伤　心　伤　心

6 6 5　5 - | 1 6 1　1 6　1 1· | 6 1　6·7　6·5 |
倍　伤　心，伤　心　不　禁　泪　双　淋，江　汉　为　我　兮

5 5 5　5 - 0 | 1·2　3 5　6 - | 6 7　7 6　5 6　5 |
生　愁　云。　一　杯　鲁　酒　祭　孤　魂，犹　有

3 5　3·2　1 1　1 | 1 2　5　3·5　3·2 |
一　片　的　孤　云　孤　云。静　听　琴　中　语，传　岩　角

1 1　6 1　5 5 | 5　2 2　1 1　1 | 6·5　6 6　5 6　6 |
之　声。惟　有　思　君　苦，从　此　少　知　音。翡　翠　瑶　琴　最　为　寒，

琴谱及相关文化

思想表达

子期不在对谁弹？满面春风皆朋友，欲觅知音难上难。势利交回的势利心，斯人谁复的念斯人？伯牙集贤失子期，千古无人的说破琴。叹今生，再会不能。

慨古吟

今古悠悠,世事的那浮鸥。英雄须是早回头。

夕阳西下,江水的那东流,山岳的那荒邱(丘)。

愁消处,诗酒醉了的那方休。

叹不尽楚火的那秦灰,望不见,望不见吴越的那楼台。

世远人何在,明月照去又照来。

故乡风景,空自的那花开。

日月如梭,行云流水如何。

嗟美人啊,东风香草的那怨愁多,

六朝旧事的那空过。

汉家风景(宫阙),魏北的那山河。

天荒地老,事(世)事的那消磨,

消磨消磨愈消磨。

叹当年龙争虎斗,半生事业有何多?

再高的山,再深的海,也抵不住时光穿梭,岁月消磨。弦歌《慨古吟》的曲词,静观着历史沉浮,述说着

〔南宋〕马远 举杯邀月图

人世沧桑,抒发着道家的旷邈达观。曲调苍古,徐缓中时紧时慢、有抑有扬,一派天地悠远、时光无限之感。

杨清如手抄本《慨古吟》,曲词与其他地区传抄本略有不同,不同之处更显洒脱出尘之风骨。

二〇一六年七月,蜀中琴人方文伟叙于江门清如琴馆

清如传谱

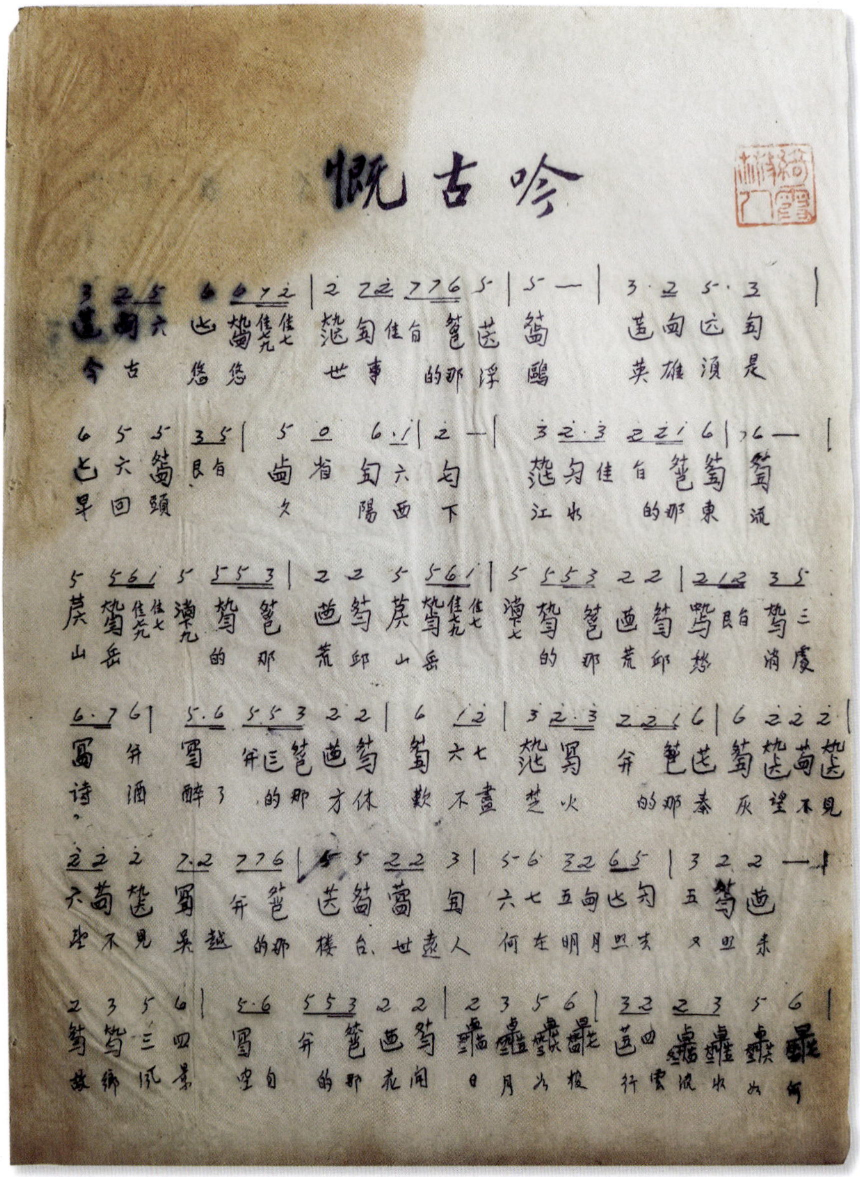

慨古吟

(handwritten musical score with numbered notation and lyrics)

悠悠今古

世事浮沤

英雄须是早回头

夕阳西下

江水东流

莫道荒丘山岳

莫道荒丘山岳愁消磨

诗酒醉了

才休数不尽楚火

秦灰望不见

不见吴越的那楼台

世岂人何在明月此夕又旦未

故乡风景空自的那花开

日月为梭

行云流水奈如何

琴谱及相关文化 思想表达

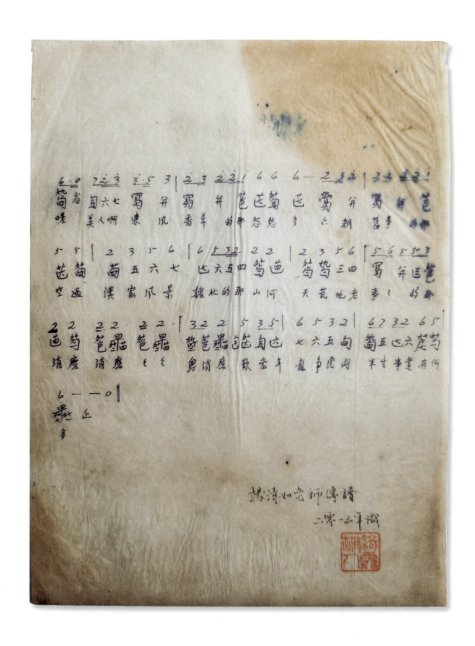

慨古吟

巴渝　杨清如　手抄传谱
清如古琴　方文伟　整理
清如古琴　容宇红　校订

1 = F
正调定弦：5̣ 6̣ 1 2 3 5 6

今古悠悠，世事的那浮鸥。

英雄须是早回头。夕阳西下，江水的那东

流，山岳的那荒丘，山岳

的那荒丘。愁消处，诗酒醉了的那方休。

叹不尽楚火的那秦灰，望不见，望不见吴越的那

楼台。世远人何在，明月照去又照来。故乡风景，

琴谱及相关文化 思想表达

空自的那花开。日月如梭,行云流水如何。

嗟 美人啊,东风香草的那怨愁多,六朝

旧事的那空过。汉家宫阙,魏北的那山河。

天荒地老,世事的那消磨,消磨消磨愈消磨。

叹当年龙争虎斗,半生事业有何多?

085

渔樵问答

第一段

靠丹崖整顿丝钩,入山濯足溪流。驾一叶扁舟,往来江湖里行乐,笑傲也王侯。但见白云坡下,又见绿水滩头。相呼相唤,论心商确(榷)也不相尤。宠辱无关,做个云外之叟。

第二段

长江浩荡,举棹趁西风,篛笠蓑衣,每向水云深际侣鱼虾,湖南湖北是生涯。但见白蘋红蓼,满目秋容也交加。放情物外兮堪夸,橹声摇曳那咿哑,出没烟霞。

第三段

饮泉憩石在山中,此清闲不换与三公。又见矗崎岖犹有路通,野客并那山翁,竹径更有松风。遁世逍遥,茫然不知南北与那西东。山无历,寒到便知冬。山寺远迥,不闻清钟。仰观那悬崖峭壁,峻坂高峰。飞泉瀑布,随意纵横。逃名天地外也,有什么的愁容。大啸一声,山谷皆空。无挂碍,别红尘,却疑身在五云中。

琴谱及相关文化思想表达

第四段

得鱼时将来细剖。须此斗酒,乘月泛沧浪,尽醉而休。高歌那一曲,信口胡诌。无腔笛雅韵悠悠,撇却多少闲愁,又何忧?

第五段

看看他,步入云窝。过些羊肠鸟道,闻些猿啼鹤唳,恍似王质也烂柯。雪深泥滑兮怎奈何?险危坡,要斟酌。不如轻轻束担,免蹉跎。

第六段

三江五湖任我遨游。有时下丝纶,独钓寒江。方涉湘浦,却又行到了巴邱(丘)。浅水汀洲,懒见那鹬蚌相持,向午也就归舟。诚恐风波突起,滩澜涨恶,要休时急忙怎得休?

〔元〕朱德润 林下鸣琴图

第七段

山林居士，原不爱去趋朝。烟霞老叟，清操绝俗转高。披粗衣，餐淡饭也，草舍箪瓢。闲谈今古，何羡重茵鼎食、腰悬紫绶并那戴着（的）金貂？月白风清，受用不了！

第八段

渔翁樵子也，俱是严陵、吕望辈。振起乎那高标，乐山乐水乐陶陶。看渔樵乐意多饶，幕天席地风骚，带月推敲。

《渔樵问答》为明清时期流传最为广泛的琴曲之一。历代传谱有30多种版本，多附有歌词。存谱最早见于明代萧鸾《杏庄太音续谱》，有解题："古今兴废有若反掌，青山绿水则固无恙。千载得失是非，尽付渔樵一话而已。"杨西峰《重修真传琴谱》云："渔樵问答，古操也。查遗谱有指诀无音文，考琴史有文音无指诀。今配定文音入谱，使善鼓者知其曲之古淡，韵调清高。喜渔樵，乐江山，友鱼鼇麋鹿，对明月清风，物我两忘。然微妙岂于贪徇嗜利辈能知乎？"

杨清如《渔樵问答》弦歌，本是她老师，四川国学专修馆雅乐教授常德何儒学很有心得的一曲。此本凡八段，注明为理琴轩钞本谱，有题注："（此曲）流传甚广，人手一谱，互有异同。而以文合声，字谐调叶，要以此谱为胜。"

二〇一七年元月，蜀中琴人方文伟叙于巴渝故里

清如传谱

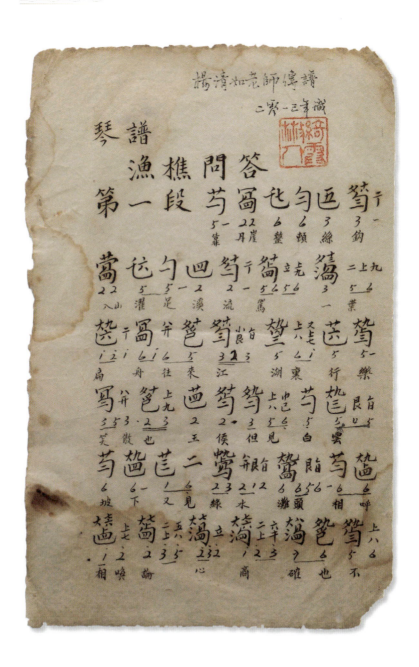

古琴

琴谱及相关文化思想表达

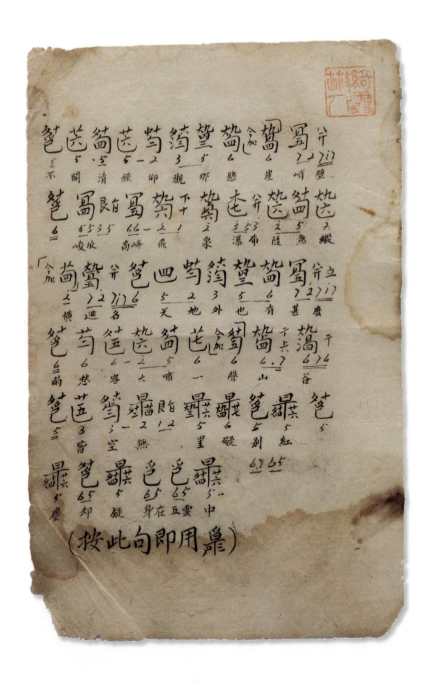

琴谱及相关文化
思想表达

第四段
包㔾得時
杏55魚
旬3刿
远3將來細
䒳2休
匋2而醉
芭5膲笛
五又

芭55
旬4㵎浪
芭5謟无
五3趋
篁2斗酒
芑26乘月
芑6泛
笃5口胡
芑3信
芑2郡
芑5多少

厙ル高歌
芑3一曲
包3雅韻
远5悠悠
芑2悠
笙2撥
旬5閒
芑5越又

第五段
芑2看
㔾1他
笃3要
芑3
笃5
笃5要

古琴

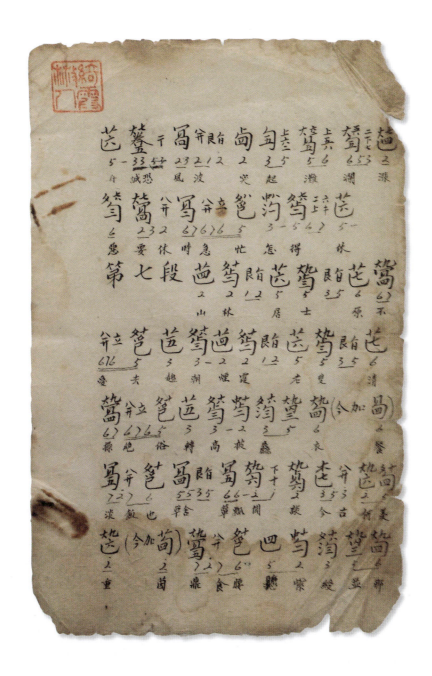

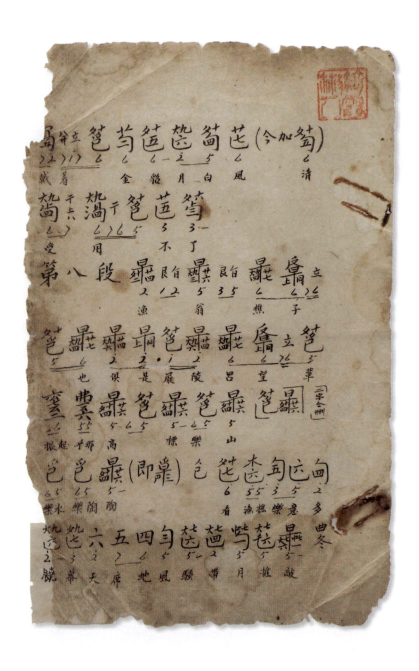

 **传统琴曲**

- 阳关三叠
- 醉渔唱晚
- 高山
- 流水
- 梅花三弄
- 洞庭秋思
- 鸥鹭忘机
- 平沙落雁
- 潇湘水云

阳关三叠

送元二使安西
〔唐〕王维

渭城朝雨浥轻尘,
客舍青青柳色新。
劝君更尽一杯酒,
西出阳关无故人。

〔明〕萧云从 长亭送别图（局部）

杨清如所传琴谱，出自其师何儒学所传四川国学专修馆雅乐科刊印的教学丛书。书中有减字谱和声字谱。减字谱据《理琴轩旧钞》，声字谱有题解，归纳了该曲历史演变状况：《阳关三叠》本王维渭城送别之诗而作也。流传之曲有四。一入诗余，牌名《古阳关》，见徐氏《词律拾遗》。三入琴操。曰春江送别；曰阳关三叠，属凄凉调，谱见明人《理性元雅》；又阳关三叠，属无射商，谱见《琴学入门》。

王维这首名篇，现在大都按唐诗绝句的文体形式出现在各种书刊中，须知它更应该是一首乐府诗，一首早期的词。是词就要吟唱，要唱就要一唱三叹。所以全曲共重复三次，一次比一次深沉。豪迈与细腻，糅杂一处，反复吟咏，荡气回肠。稍嫌后世增补曲词过多，将泛音部分都填充无遗，倒不如原词来得高古，余古琴一些弦外之音。

唐代是一个视野辽阔、精神昂扬的时代，提得起放得下。所以唐人的离愁别绪，鲜有绝望的情绪；诗人的云水胸襟，需要大漠孤烟、苍山夕照的烘陪。都门痛饮，烈酒入怀，策马出关，熟悉的身影在送别的目光中渐远……于是，在遥远的万山层岭间，在无垠的荒尘中，又多了一颗跃马横刀、欲画麟台的赤诚丹心。

既以唐人诗意演绎此曲，当求苍茫浑灏之气。故于曲首第五小节尾音，将散三如一改作名指带起，突显雄阔空莽之意。后之俊彦睹此，望生稍驻留意之心，勿滋轻慢讥嘲之嗤也。

二〇一六年十一月，蜀中琴人方文伟叙于江门清如琴馆

阳关三叠

1=♭B

紧五弦定弦：2 3 5 6 1 2 3

巴渝　杨清如　据《理琴轩旧钞》传谱
清如古琴　方文伟　整理
清如古琴　吕北平　容宇红　校订

【一】

5·6 1 2 2 - | 6·1 3 2 | 1 2 2 - | 5 6 5 3 5 5 3 2 |
清和节当春，　渭城朝雨浥轻尘，　客舍青青

1 2 3 6 - | 1·2 6·6 5 6 6 - | 6·1 3 2 | 1 2 2 - |
柳色新。劝君更尽一杯酒，西出阳关无故人。

2·1 6 1 1 - | 6 6·6 6·| 6·5 6 5 6 3 3 - | 2·1 6 1 1 - |
霜夜与霜晨。遄行，遄行，长途越渡关津，惆怅役此身。

3 1 2 3 1 2 3 3 1 2 3 1 1 2 3 2 1 1 6 6 6
3·1 2 - | 3·1 2 - | 3 3 1 2·3 2 1 | 6·6 6 - |
历苦辛，历苦辛，历历苦辛，　　宜自珍。

6 5 6 【二】
6·5 6 - | 6·1 2 1 | 3 2 2 - | 5 6 5 3 5 5 3 2 |
宜自珍。渭城朝雨浥轻尘，　客舍青青

1 2 2 - | 1 2 1 6 1 1 6 5 | 5 5 6 5 - | 1·2 3 5 5 3 2 |
柳色新。劝君更尽　一杯酒，西出阳关

诸如 古琴

| 1 2 2 - | 5 5 3 5 | 3·5 3 2 2 | 2 2 3 1 i·3 |

无故人。依依顾恋不忍离，泪滴沾巾，

| 2·1 6 1 1 - | 6 6 6· 6·5 | 6 5 6 3 3 - | 2·1 6 1 1 - |

无复相辅仁。感怀，感怀，思君十二时辰，商参各一垠。

| 3·1 2 - | 3·1 2 - | 3 3 1 2·3 2 1 | 6·5 6·5 6 - |

谁相因，谁相因，谁可相因　日驰神，

| 6·5 6 - | 6·i 2 i | 3 2 2 - | 5 6 5 3 5 5 3 2 |

日驰神。渭城朝雨浥轻尘，客舍青青

| 1 2 2·3 | i 2 3 i 6 i i 6 5 | 5 5 6 5 - | i·2 3 5 5 3 2 |

柳色新。劝君更尽一杯酒，西出阳关

| 1 2 2·3 | 2·1 6 1 1 - | 6 6 6· 6·5 | 6 6 6· 5 6 |

无故人。芳草遍如茵。旨酒，旨酒，未饮心已

| 3 3 - | 5 6·i 6·5 | 6·i 6·5 | 3 5 3 3 2 1 1 |

先醇。载驰骊，载驰骊，何日言旋轩辚。

能酌几　多巡，千巡有尽，寸衷难泯。无穷的

伤感，楚　天　湘水　隔远　滨，期早托鸿鳞。尺素申，

尺素申，尺　素　频　申　　　　如相亲，

如相亲。噫，从今一别，两地相思入梦频，

闻雁来　宾。

醉渔唱晚

　　《醉渔唱晚》虽不是蜀派独有的传统曲目，却极尽"蜀声躁急"之风骨神韵。是曲经蜀人指下点染，稍留依稀夕阳秋江满载而归之自得悠然，肆意霞光万道穿云破雾般酩酊大醉。直醉得地覆天翻，云霞散乱。直醉得小舟颠倒，鱼篓翻转。任他鱼儿从篓中跳出，四下流窜。早上赤条条来，晚上赤条条归，手中空空如也，心底平添一种浩歌天地的淋漓痛快。

　　渔翁之醉不在鱼，在乎天地间也！于是，中华传统之渔樵耕读在蜀声的诠释中，是谋生的手段，更是生命的过程和本原。

　　二〇一八年元月，蜀中琴人方文伟叙于顺德清如琴馆

插篙芦渚系扁艇
三更月上当篙顶老
渔烂醉唤不醒起来
霜印蓑衣影
唐寅画

高山

　　中华文艺强调寓情于景。将人生观与宇宙观结合起来，这是历来推崇之雄浑境界！由此可知，山水实乃心灵之宏大栖息处，呼唤着一代又一代富于灵性的人文精神。

　　天下之山，千姿百态，不可道尽。有言泰山如坐、华山如立、恒山如行、嵩山如卧、衡山如飞。泰山何以享五岳独尊？其一故也，当以亘古屹立、拔地通天之如坐姿态，彰显雍容舒缓、宽博沉稳、泰然自若之气势也。

　　故《高山》一曲，如临泰山，初览似平缓无奇，深入则悬崖绝嶂，松飞柏舞，泉奔瀑泻，云舒雾卷，六合恢动，万千气象矣。方感悟伯牙、子期之"志在高山"。其如山之志，得无闻欤？

　　二〇一六年九月，蜀中琴人方文伟叙于江门清如琴馆

〔北宋〕范宽 雪景寒林图

〔明〕周臣 北溟图

🌀 流水

　　老子曰："上善若水……故几于道。"东坡先生天资超迈，识力非凡，尝论文"大略如行云流水，初无定质，但常行于所当行，常止于所不可不止"。作文从艺，实精神之达形，气韵之相贯也。气韵者，行云流水之态，或寓形而奔流，或化气而升腾。

　　今以《流水》一曲观之，最通东坡之意。

　　初，情起于中，其思如缕，淡微悠远，若隐若现。似细流涓涓，源于深谷，鸣于芳丛，幽然不得见。此潜龙在渊。宜轻落指，使泛音清越，飘逸萧散。

　　而后经沼泽，越泥泞，跌宕逶迤，曲回婉转。此见龙在田。虽有远志，雾锁津迷，道途遥远。按音宜沉实，使吟猱毕现，刚健明丽，志不可夺也。

　　然后群川交汇，纷流浩荡，滔滔然囊括众水。此飞龙在天。

其志在必得,安能攒眉趄趄,不得昂首吐气焉?漫道岭峻峰高,壑险嶂坚,且乘一泻千里之势,尽起摧枯拉朽之力,兵临城下,一决高低。是时也,七十二滚拂往来运转,循序挥洒,使填膺之气,萦回渐发。山川相缪,水石相激,揄扬涤荡,声薄云霄。排浪奔涛,勇不可当,顺之者昌,逆之者亡,虽土崩瓦解而势不可遏,群山揖让而奔流不息。此欲止而不可止也!

及至川平山开,林麓舒缓,谦谦君子,静水流深。是时也,志得意满,当引亢龙有悔之鉴,宜生急流勇退之心。旋律入慢,中锋勾挑,稳健不乱。神清气爽,鸢飞鱼跃,如临春江。直至百川入海,楼船四望,沧海碧波,青冥洞达,一轮明月,湛然中天。回首向来,气和意静,情思渺然。

此琴曲《流水》之状物抒情也。

二〇一七年六月,蜀中琴人方文伟叙于江门清如琴馆

梅花三弄

　　自然界中但凡食物链上端的物种，大都离群索居。鹰在一般鸟儿不能到达的高空盘旋，虎在茫茫原野上茕茕独行。群芳之中，独此梅花，值万木萧条之际，迎风绽放。好一个孤独了得！

　　郑谷俊赏，将"昨夜数枝开"改为"昨夜一枝开"，遂擅千古之奇。即今沽上钝丁先生，光风霁月，思通八极，时人鲜有能识。尝作梅花山石图，题诗云：

　　　　寂寞知何味，闲愁苦几多。
　　　　俗人道是李，香老在荒坡。

　　故梅花是曲，逢缺乏操持而借口识时务之人，不可语之；遇终日蝇营又托辞现实之人，不可示之。且将门庭暂闭，独坐幽窗，任如水月华从山南生起倾泻而下，把琴徽照耀。从容联络，指落处，花开次第，暗香飘散。在这独自一人的世界里，在这万籁俱寂的夜色中，必有"零落成泥碾作尘"的彻底，方可步入永恒的领悟……

　　二〇一七年六月，蜀中琴人方文伟叙于江门清如琴馆

钝丁 梅石图

二〇一八年仲夏夜，余于江门听云琴舍再录《梅花三弄》。感习此曲近三十载，而每弹愈深，每有所得，渐似心中有梅，手中无弦。赋诗以志。

一曲玉妃近卅年，心神会处欲断弦。

东君叚我高寒立，顿教暗香散满天！

二〇一八年九月，补叙于江门听云琴舍

洞庭秋思

医之四诊——望、闻、问、切，相互结合，以取长补短，是谓合参。琴之打谱，亦有合参，即参取诸谱，博采众长，以抒琴人之意趣，表操者之心声。

《洞庭秋思》，初见于明《西麓堂琴统》，此后又有《琴书大全》《松弦馆琴谱》《二香琴谱》等多部琴书刊载。查阜西先生据此合参，第一、二段采用《松弦馆琴谱》和《二香琴谱》，第三、四段采用《琴书大全》，尾声据《西麓堂琴统》。

坊间流传查先生之谱本，多为成公亮先生据查老之演奏录音手抄记谱。此谱注明查老之演奏较诸古谱调性变化已经减少，定弦注明"一、三、四段作林钟均侧弄弹，四弦为宫；二段作无射均侧弄弹，四弦为羽"。加上查老原谱"用慢角调徵音泛尾"，皆合中华传统旋宫转调之法。每至夜深，抚此曲，感调性频转，旋律充满妙变飘忽、瑰异神化之奇幻。而取音宽广奇特，多大音程按音之对比，加上查老所创指法，如再三出现的由二弦十徽下注徽外，皆须左手腾挪迅捷疾速以应之，平生一股难以名状之疏放和萧散。故此曲

〔明〕陈焕 洞庭秋月图

虽题为《洞庭秋思》，呈现之格调飘逸高古，远非平常秋景所兴之沉静淡然，若非神人所为，亦当梦笔神授也。至于第三段之长句，多达二十拍，气贯神驰，实属少见，而查先生合参之独绝高妙处！

　　学贵精通。精者，潜心深思之所得也；通者，见识襟怀之所达也。有精思而通达者，自能晓此文义，而于闭塞自封之徒，一似说梦……

　　　　二〇一七年七月，蜀中琴人方文伟叙于江门清如琴馆

〔明〕李在 临清流而赋诗图

鸥鹭忘机

　　临海而居的渔夫，驾舟往来海上，渐与海鸥相熟，彼此游戏玩欢。其父得知此事，要他弄回几只玩耍。次日早上，渔夫再到海上，海鸥盘旋于天，舞而不下。但凡人无巧诈之心，异类也可亲近。此《列子》所述"鸥鹭忘机"之典故。

鼓琴力求淡泊而不失生动，诚如《五知斋琴谱》所言："海日朝晖，沧江西照，群鸟众和，翱翔自得。"此琴曲要表达之意境。

佛山琴师梁球先生，世之真隐，尝有诗云：

尘氛滚浊乱如麻，逃入江天逐雁沙。

咏菊南山朋野鹤，焦桐试拂起栖霞。

先生之诗，于人心不古之今日，当为正解。

二〇一六年八月，蜀中琴人方文伟叙于江门清如琴馆

平沙落雁

曾几回，梦归沂水。暮春三月，望舞雩台高，冠者五六人，童子六七人，当风开襟，依稀可辨。夜幕降临，江上清风，吹来歌咏之声经久回荡。

曾几时，在梦中听佛讲：人生最大的幸福是放得下。

追梦，是一大享受。秋之黄昏，携琴独往，行吟岸泽。看长空数雁，星星点点，散落银洲。余霞将尽，澄江如练。王勃真才人也，竟想象落霞可与孤鹜齐飞！兴从中来，缓解琴囊，对一派远水平沙，要趁天地万物沉寂之际，将大雁之远志，将逸士之心胸，一齐拨入这舒缓的旋律中，直至弦外之音，尘外之境……

二〇一六年十二月，蜀中琴人方文伟叙于江门清如琴馆

琴谱及相关文化思想表达

〔明〕盛茂烨　平沙落雁图

〔南宋〕李氏 潇湘卧游图（局部）

潇湘水云

  数年前游历览胜偶得观感。海拔一两千米的崇山峻岭，云涌霞飞，往往使人诗意勃发。历代所题佳咏，散落山崖石壁间，历历可辨。而置身更高海拔的冰川雪岭，却不见留下多少赞美之词。针松、雪峰、蓝天，巨大的视觉冲击力，唤起灵魂深处原始的震撼，大脑反而一片空白。

  故此，对于《潇湘水云》这般雪峰级的史诗鸿篇，无言践行，抑或是最好的一种表达。如果非得写点什么题解的话，只好引用常见的那段取自《神奇秘谱》的经典之语："是曲也，楚望先生郭沔所制。先生永嘉人，每欲望九嶷，为潇湘之云所蔽，以寓惓惓之意也。然水云之为曲，有悠扬自得之趣，水光云影之兴；更有满头风雨，一蓑江表，扁舟五湖之志。"

  二〇一八年十月，蜀中琴人方文伟叙于巴渝

 改编琴曲

- 画心
- 知音
- 张羽煮海·听琴
- 小桃红·媚香楼

画心

张靓颖演唱之《画心》，为电影《画皮》主题歌，曾与电影风行一时。影片中还有一首器乐主题曲，于故事发展的几个重要情节以不同情调出现，或清丽婉转，或凄厉哀怨。

二〇一一年十月，余客居广州从化，偶得观电影《画皮》，深感之。犹念电影插曲，甚合古琴音色之表现，遂以泛音演绎主旋律，效果尚佳。其后年余，断续移植并自创乐段，终将此二曲混编成一首完整的古琴旋律。

今岁重录此曲，前奏部分依照作曲家藤原育郎的原作有一定修改。从余学者有周氏玉苹，敏而好思，比之以陆游《钗头凤》而问余。余称许之，盖羲之云"虽世殊事异，所以兴怀，其致一也"。

二〇一七年八月，蜀中琴人方文伟叙于江门清如琴馆

附：陆游《钗头凤》
红酥手，黄縢酒，满城春色宫墙柳。
东风恶，欢情薄。
一怀愁绪，几年离索。错、错、错。

春如旧，人空瘦，泪痕红浥鲛绡透。
桃花落，闲池阁。
山盟虽在，锦书难托。莫、莫、莫！

琴谱及相关文化思想表达

〔北宋〕苏汉臣 靓妆仕女图

画　心

根据电影《画皮》主题歌、主题曲改编

1 = F

正调定弦：5̣ 6̣ 1 2 3 5 6

清如古琴　　方文伟　　改编
清如古琴　容宇红　吴江红　整理

思想表达 琴谱及相关文化

知音

王酩/曲　卫家理/移植　方文伟/改编

山青青，水碧碧，
高山流水，韵依依。
一声声，如泣如诉如悲泣，
叹的是，人生难得一知己，千古知音最难觅。

山青青，水碧碧，
高山流水，韵依依。
一声声，如颂如歌如赞礼，
赞的是，清泉清石两依依，浊世两清惺相惜。

〔元〕王振鹏 伯牙鼓琴图

    遵义卫家理先生，一代琴学名家。一九九五年余与先生相识，余居重庆，与遵义相距犹近，故交往甚密，情谊日笃。虽未拜师求艺，得其抬爱，身教言传，受益颇丰。先生治学严谨，指法精妙，于抚琴姿态运指尤见功力。余由此得窥虞山指法堂奥，至今心存感激。

    《知音》一曲，先生据同名电影插曲制谱，一九九二年七月完成重订。二〇一〇年余习此谱，对原电影歌词略有改动，乐曲也相应有所改动，以表余一己之心声。

    "君子也，言称先职，不背本也。"值余录音以飨同好之时，谨以此曲告慰先生之灵。

    二〇一八年二月，蜀中琴人方文伟叙于巴渝

知 音

根据电影《知音》主题曲改编

虞山名家　卫家理　移植
清如古琴　方文伟　改编
清如古琴　梁颖娴　整理

1=F
正调定弦：5̣ 6̣ 1 2 3 5 6

（山青　青，　水碧　碧，高山　流水，韵依　依。一声　声，如泣　如诉　如悲　如颂　如歌）

琴谱及相关文化 思想表达

| 1 6 1 - 2 | 3 6 6.5 | 3 2 | 1 6 1 - 2 | 2 2 7 1 7 0 5 3.2 7 6 |

泣，　　如赞　　礼，　　　　叹　　的是，
　　　　　　　　　　　　　　　　赞　　的是，

| 5 3 5 - 6 | 5 5 6 6 6 1 | 2 2 3 2 - | 5 6 5 6 1 |

　　　人生难得 一知 己，千古
　　　清泉清石 两依 依，浊世

| 3 2 3 2 - | 6 2 5 6 2 - | 3 2 1 - | 7.2 3 5 | 3 2 7 5 | 6 6 |

知 音最 　难 　觅。
两 清惺 　相 　惜。

| 0 3 3.2 7 5 6 | 0 7 6.7 2 3 :‖ 0 3 3.2 7 5 | 6 - 6 - ‖

127

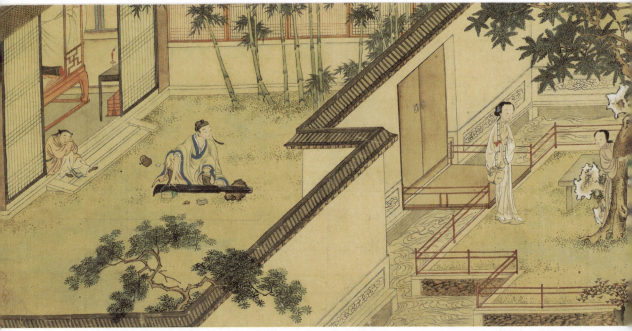

〔明〕仇英 西厢记图

张羽煮海·听琴

张琳/原唱　方文伟/移植

疏喇喇，恰似晚风落万松。
响潺潺，分明是流水绝涧中。
这分明是我试谱的鱼龙曲，
却为何今日这仙客指下弄？
适才我琴思忽断曲未终，
她竟然信手续来天衣无缝。
我只道子期一去赏音孤，
难道说高山流水今相逢？

越剧《张羽煮海》描写秀才张羽寓居东海边，常于石佛寺中抚琴。悠悠琴声引来东海龙宫的琼莲公主。两人相见，情投意合，后来历经磨难，有情人终成眷属。《听琴》唱段，描述龙女初见张生，暗使神力，续起张生忽断的琴思。张生惊喜不已，于是成就一段知音巧遇的佳话。

二〇一二年三月，余自央视戏曲频道偶闻此越剧唱段，即为其旋律折服。尹派唱腔素来为余钟爱，待深入体会戏曲之情节，愈感此曲实又一高山流水之绝响矣！遂于原曲反复推敲，将其移植成古琴弦歌，亦不失继承清如古琴弦歌的艺术传统，探索古琴弦歌与戏曲之间的本质渊源。因原曲完美，几无改动。欣欣然此番所得，余平生又增益其乐也！

  二〇一六年四月，蜀中琴人方文伟叙于江门

听 琴

越剧《张羽煮海》选段

越剧尹派小生　张　琳　原唱
清如古琴　方文伟　移植
清如古琴　周玉苹　史明江　整理

1=♭B

紧五弦定弦：2 3 5 6 1 2 3

| 6 3 23 | 3 5 - | 321 6 6 3 | 2 3 5 6 | 2 - 2 - |

| 2 3 2 - | 2· 3 3 2 1 | 1 5 6 - | 5 6 - - | 2356 1 - 6 - |

| 1· 1 1 21 | 6 5 0 | 7 2 7 6 0 | 5· 3 5 6 | 32 7 - - |
　疏 喇 喇，　　　恰 似　　　晚　　　　　风

| 3 0 1 3 5 | 6· 2 7 6 7 2 | 6 - - | 1 5 6 | 1 21 6 5 0 |
　落　 万　 松。　　　　　　　　响　潺　潺，

| 5· 3 5 6 6 | 32 6 | 1 - 3 5 | 5 3· 1· 2 | 2 7 6 5 - |
　分　明 是 流 水　　　 绝 涧　　　　　　　　　　中。

| 3 1 1 1 65 | 35 7 5 6 | 7· 2 | 5 65 6 7· 6 | 7 2 6· 5 3 - |
　这 分 明　　　是 我 试　谱 的 鱼　龙　　　曲，

130

琴谱及相关文化思想表达

却为何　今日这仙客　指下　弄？

适才我　琴　思忽断　曲未

终，　　　她竟然　　信手　续来

天衣无　缝。我只道　　子期一去

赏音　　孤，难道说高山　流水

今　相　逢？

小桃红·媚香楼

曹秀琴/原唱　方文伟/移植

与君别两秋，寄居媚香楼。
兽炉懒烧，孤影独自愁，又怕管箫合奏。
鸿雁杳，思君人渐瘦。
自你别去离后，读书声听不见，夜里风声阵雨把窗叩。
君也避险远走，官差呀，每日把家搜。
你身往何处投？一去迢迢万里，关山阻隔凤鸾俦。
香君空对冷月，闭门独守。
剩有池塘柳，且伴绣楼。
终有一日喜鹊庭前啾，春风把楼门叩。

《小桃红》是流行甚广的粤曲曲牌。寄调而成的《媚香楼》，曲词委婉细腻，情景交融，生动再现了《桃花扇》中明末清初爱国名媛李香君独居媚香楼上，思念亲人、感怀时世的复杂情怀。

二〇一三年，余客居广州增城，与当地文艺之士交游甚广，得闻此曲。甚爱其曲与词的优美契合，遂将此唱段移植成古琴弦歌，亦不失继承清如古琴弦歌艺术传统，探索古琴弦歌与戏曲之间的本质渊源。

二〇一七年十月，蜀中琴人方文伟叙于广东顺德

〔清〕陈清远 李香君小像

媚香楼

调寄《小桃红》

粤剧名旦　曹秀琴　原唱
清如古琴　方文伟　移植
清如古琴　容宇红　李沃权　整理

1 = F
正调定弦：5̣ 6̣ 1 2 3 5 6

| 1̇ - 3̇ - | 5 - 6 - | 7̇·2̇ 7̇6 5 3 5 | 6 - 3 5 | 1̇ - 3̇ - | 5 - 6 - |

| 7̇·7̇ 7̇7̇ | 6̇7̇ 5 6 - | 6 5 6 1̇· | 5 6̇5 3·2 3 5 | 6̇ - - |
　　　　　　　　　　　　　　　　　　　　　　与君别　　两秋，

| 5 6 1̇ | 3·2 3 5 | 2 - - | 2· 3 6·0 | 7̇·6̇ 7̇2̇ | 5 3̇3̇ | 3·5 3 2 7̇·2̇ |
寄居　媚　香　楼。兽炉懒　　烧，孤影独

| 7̇6̇ 5 | 3 5 | 6̇ 1̇ | 3·5 6 1̇ | 5̇ - 5 - 6 - | 7̇2̇ 6̇7̇ | 2 - 3·5 |
自　愁，又怕管箫合　　奏。鸿雁杳，思

| 3 2 6̇5 6̇7̇ 2 - | 7̇2̇ 7̇·2̇ 5 2·3 2 7̇ | 6̇7̇2̇ 5 6 7 - |
君人渐瘦。自你别　　去离　后，

| 7̇ 2·2̇ 7̇2̇ 7̇·2̇ 5 | 3 5 6 1̇ 3·5 6 1̇ | 5̇ - - | 6 5 3 5·3̇ 2 3 |
读书声听不见，夜里风声阵雨把窗叩。君也避险远

琴谱及相关文化思想表达

1 2 3 - | 6 6̈ 5 | 5 3 2 3 5 1 2 3 - | 0 5 6 5 3·5 6 5 |
走，官差呀，每日把家　搜。你身往何

6 1 5 6 5 0 | 6 5 3·5 6 5 | 6 1 5·3 | 5 6 1 - |
处投？　　一去迢　　　　迢　万里，

6 1 6 5 3 2 3 5 | 2 - 0 0 | 2 2 2 5 | 3·5 3 2 1 - | 7·2 |
关山阻隔凤鸾　侪。香君　空　对　冷

6 5 1·5 6 1 | 2 3 2·3 | 5 2̈ | 1 2·1 2 3 5 6 |
月，闭门独守。剩有池塘柳，

5·1 6·1 6 5 3 2 3 5 | 2 - | 3 5 2·0 | 3 2 2 2 |
且　伴　绣楼。终有　一日喜鹊

6 5 6 7 | 2 - 3·5 3 2 | 6 5 6 2 7̆ 7 | 2 - - | 6 1 3·2 3 5 |
庭前啾，春风把楼门　叩。

6 - | 7·6 7 2 6 7 | 5 - 6̇ - ‖

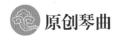 **原创琴曲**

- 念奴娇·过洞庭
- 和杨龟山《此日不再得》韵

念奴娇·过洞庭

〔南宋〕张孝祥/词　方文伟/曲

洞庭青草，近中秋，更无一点风色。
玉鉴琼田三万顷，着我扁舟一叶。
素月分辉，明河共影，表里俱澄澈。
悠然心会，妙处难与君说。

应念岭表经年，孤光自照，肝胆皆冰雪。
短发萧骚襟袖冷，稳泛沧溟空阔。
尽挹西江，细斟北斗，万象为宾客。
扣舷独啸，不知今夕何夕！

〔元〕吴镇 洞庭渔隐图

南宋词人张孝祥这首著名的《念奴娇·过洞庭》，是词人因受政敌谗害而被免职，从桂林北归，途经洞庭湖即景生情而作。此时词人回顾岭南一年多的宦海沉浮，心情十分复杂。既有官场带来的郁结，亦有坚持正道的自信；既有天高地远而生人生苦短的感叹，也有湖光波影、星月皎洁而起光明坦荡、磊落高洁之豪情。所以全词写得跌宕起伏，波澜壮阔，风骨凛然。

诗歌与音乐于中华文化之滥觞即相伴而来，并盛于宋元。运用古琴弦歌作曲方法，为宋词谱曲，旨在揭示词曲的内在联系，实现音乐与文学领域的贯通。基于本词高远的格调，全曲在取音上放弃了古琴下准音区的低音，而集中到中准和上准音区。即便表达深沉感慨的词意，也在中准音区依靠吟猱退复等手法来表现。并多次穿插有"天音"之称的泛音来描绘实景与心境的壮阔，尽力营造出弦外之音的缥缈意蕴。这样，强烈的高低音旋律交替出现，时而幽咽委婉，时而高亢激昂，充分展现词作中现实与理想、沉郁与高逸的复杂心绪。

二〇一五年十二月，蜀中琴人方文伟叙于新会一居·清如琴馆

念奴娇·过洞庭

南宋　　张孝祥　词
清如古琴　方文伟　曲
清如古琴　周玉苹　整理

1=F
正调定弦：5 6 1 2 3 5 6

洞庭青草，近中秋，更无一点风色。

玉鉴琼田三万顷，著我扁舟一叶。

素月分辉，明河共影，表里俱澄澈。悠然心会，

妙处难与君说。

应念岭表经年，孤光自照，肝胆皆冰雪。

短发萧骚襟袖冷，稳泛沧溟空阔。尽挹西江，

琴谱及相关文化思想表达

细斟北斗，万象为宾客。扣舷独啸，不知今夕何夕！

扣舷独啸，不知今夕何夕！

和杨龟山《此日不再得》韵

〔明〕陈献章/诗　方文伟/曲

能饥谋艺稷，冒寒思植桑。
少年负奇气，万丈磨青苍。
梦寐见古人，慨然悲流光。
吾道有宗主，千秋朱紫阳。
说敬不离口，示我入德方。
义利分两途，析之极毫芒。
圣学信匪难，要在用心臧。
善端日培养，庶免物欲戕。
道德乃膏腴，文辞固秕糠。
俯仰天地间，此身何昂藏。
胡能追轶驾，但能漱余芳。
持此木钻柔，其如磐石刚。

中夜揽衣起,沉吟独彷徨。
圣途万里余,发短心苦长。
及此岁未暮,驱车适康庄。
行远必自迩,育德贵含章。
迩来十六载,灭迹声利场。
闭门事探讨,蜕俗如驱羊。
隐几一室内,兀兀同坐忘。
那知颠沛中,此志竟莫强。
譬如济巨川,中道夺我航。
顾兹一身小,所系乃纲常。
枢纽在方寸,操舍决存亡。
胡为谩役役,斫丧良可伤。
愿言各努力,大海终回狂。

［明］陈献章手书碑刻 慈元庙碑

  陈献章（1428—1500），字公甫，别号石斋，广州府新会县（今广东省江门市蓬江区）白沙里人，故又称白沙先生，世称陈白沙。陈白沙是岭南地区唯一一位从祀孔庙的大儒，明代心学的奠基者。慈元庙碑今存于江门市新会区崖山慈元庙故址。此碑由陈白沙亲自撰文并以茅龙笔书写，被后世尊为"岭南第一碑"。

2010年7月方文伟受邀参加江门首届白沙文化节"新光杯"古琴演奏会

　　明代大儒陈白沙的这首诗，在他留下的大量诗文中具有突出的代表性。此诗表达了他少年立志、见贤思齐、修真潜默、艰难悟道的全过程。时而慷慨激昂，时而情意悠长，充分展现了白沙先生一代大儒的治学精神和高尚情操。"胡能追轶驾，但能漱余芳"，诗成之时，也是白沙先生名声大噪、扬名海内之时，被时人赞誉"真儒复出"。

　　心本天地灵物，入道则言玄，入禅则言空，入儒则言静。其入于琴者，雅乐生焉。此白沙江门学派所以流传，而后世尊其岭南琴宗之由也。余操缦数载，感圣学之不彰，叹雅乐之难继。二〇〇九年，常于白沙祠流连徘徊，观先生文章书法，其人远矣！遂生为先生诗赋谱曲之念。二〇一四年年底提笔构思，二〇一六年五月完成。弦歌运用中国传统作曲方法，结合古琴和粤剧音乐元素，亦不失继承清如古琴的弦歌艺术传统，探索文学与音乐中词曲的本质渊源。

　　二〇一六年十月，巴渝琴人方文伟叙于江门清如琴馆

和杨龟山《此日不再得》韵

明　　陈献章　诗
清如古琴　方文伟　曲
清如古琴　周玉苹　史明江　整理

1 = F
正调定弦：5 6 1 2 3 5 6

【一】少年立志

能饥谋艺稷，冒寒思植桑。少年负奇

【二】见贤思齐

气，万丈磨青苍。梦寐见古人，慨然

悲流光。吾道有宗主，

千秋朱紫阳。千秋朱紫阳。

说敬不离

146

琴谱及相关文化 — 思想表达

口，示我入　德　　方。义利　　分两途，

析之　　　极毫芒。圣学　信匪难，

要　在　用心臧。善端　日培养，

庶免物欲戕。道德　乃膏腴，文辞固秕糠。

俯仰天　地　间，此身何昂

藏。胡能追轶　驾，但能漱余　芳。

持此木　钻　柔，其如磐石

147

清微 古琴

| 1̇ - 6̇ - | 1̇·2̇ 3̇ 2̇·2̇1̇ 2̇3̇ | 5̇ 5̇·6̇ 5̇ 50 | 5̇·6̇·5̇3̇ | 5̇ 5̇ 3̇5̇ 6̇ 5̇· |

刚。 其 如 磐 石 刚。

| 3̇·2̇ 1̇6̇1̇ 2 - | 3̇·2̇3̇ 2̇·1̇ 6̇ | 2̇·3̇ 5̇5̇ 0 | 2̇· 1̇ 6̇ - |

【三】修真潜默

| 1̇·2̇ 1̇ - 5 - | 2̇·3̇ 2̇ | 1̇·6̇ 1̇6̇ 1̇·2̇ 3̇ 5̇ | 5̇·6̇ 5̇ |

中 夜 揽 衣 起,

| 6̇5̇ 3̇·2̇ 3̇5̇ 2̇ | 2̇·3̇ 2̇7 6̇ - | 1̇·5̇ 6̇1̇ 2̇·3̇ 2̇3̇ |

沉 吟 独 彷 徨。 圣 途 万 里 余,

| 2̇·3̇ 3̇·5̇ 3̇·5̇ 3̇2̇ | 1̇·6̇ 1̇·2̇ 3̇5̇3̇ 2̇·3̇ | 2̇3̇2̇ 1̇·6̇· |

发 短 心 苦 长。 及 此 岁 未 暮,

| 3̇· 5̇ 6̇·5̇ 6̇1̇ 2̇ | 5̇5̇3̇ 2̇·3̇ 2̇1̇ | 6̇· 6̇1̇ 2̇·3̇ 2 |

驱 车 适 康 庄。 行 远 必 自 迩,

| 2̇·3̇ 50 | 3̇3̇5̇ 3̇2̇ 1̇ | 2̇3̇ 2̇·3̇ 2̇3̇2̇ | 1̇·6̇·1̇·2̇3̇ | 2̇2̇3̇ 2̇1̇ 6̇ |

育 德 贵 含 章。 迩 来 十 六 载,

【四】艰难悟道

灭迹声利场。闭门事探讨，

蜕俗如驱羊。隐几一室内，

兀兀同坐忘。那知颠沛中，

此志竟莫强。譬如济巨川，

中道夺我航。顾兹一身小，

所系乃纲常。枢纽在方寸，

操舍决存亡。胡为谩役役，

清

古琴

1·2 ²₁ | 6·1 6 3 5 - | 3· 333 3 5 | 6·5 6 1 6 - |
斫 丧 良 可 伤。 愿 言 各 努 力,

²2 3 5 | 3· 2 1 6 1 - | 5 5 6 6 - | 5 3 5 5 - 2 2· |
大 海 终 回 狂。

3 2 3 | 3· 2 3 5 | 6·5 6 1 2 | 3 2 0 3 2 1 2 |

3 5 - | 2 1 6 - | 6 - - ‖

 自度琴曲

- 滩子口·江石相雄不相让
- 懒问月·归棹
- 储奇门·归梦远

滩子口·江石相雄不相让

方文伟 / 词曲

一源太古始,气承雪山来。
巴岳万峰尽东倾,势拥荆门开。
平畴万里随奔泻,相与天风澎湃。

独不驯,摧愈豪,兴冲霄。
虽非造化凌云顶,亦幸中流弄潮。
仰戛溶云漠漠,俯击川流滔滔。
天长地久渐消瘦,消去此身亦几何?
任许风云磨,千载逆此波!

〔元〕盛懋 三峡瞿塘图

  余少壮好文，每有所思，欣欣然拙成文字，或形于辞赋，或形于诗词。然何为文之要义哉？但能足之所及，目之所触，与万物交感，心动神游，而后美文生焉。

  故里风景，长江逶迤而至，饮食起居尽在其间。故多有临江题咏，情系平生矣！犹忆滩子口长江畔，有石峨然高耸。春秋之际，月明之夜，常卧于斯，侧听川流涛声，仰观长空星光，宇宙浩邈，银汉璀璨，不知身在何处。夏季涨洪，石体淹没，唯余顶端，如矛戈直刺江心。江水湍急，漩涡翻转，远望此石之处境甚危。而水石相击，孤石难当，固有壮心也。故常徘徊于此，对石吟哦，有长短句成于一九九四年，敝帚自珍。二〇一六年据此自度新声，拟以调名《滩子口》，非与清真白石论词工，欲与万化而同方。

  二〇一六年十二月，蜀中琴人方文伟叙于江门清如琴馆

滩子口·江石相雄不相让

1=F
正调定弦：5 6 1 2 3 5 6

清如古琴　方文伟　词曲
清如古琴　史明江　整理

一源太古始，气承雪山来。
巴岳万峰尽东倾，
势拥荆门开。平畴万里随奔泻，
相与天风澎湃。

独不驯，
摧愈豪，兴冲霄，兴冲霄。

琴谱及相关文化思想表达

```
 3 5   2  2 -  | 3·5   6   6·  | 1·6  1· 2 | 3·2  3·  0 |
```
虽非造化凌云顶，亦幸中流

```
 2·3   3 2 | 1  6· - | 1·6  5·  3 | 5·6 | 1 2   3 - |
```
弄　　潮。仰戛溶云漠　　漠，

```
 2·3  21 0 3 | 5 6 - | 1·6  5·  3 | 5·6 | 1 2  3 - 5 0 |
```
俯击川流滔滔。天长地久

```
 2·3  2321  1  6· | 2·3  2 1  0 | 3·5  3 5· | 2·3 2 1  6·6· |
```
渐消瘦，消去此身亦几　　何？

```
 7·6  6· | 7·6  6· - | 3·5  6 | 1·6  6 - | 1·6  1·  6 |
```
任许风云磨，千载逆

```
 1 2  3·3 - 5 | 2  2·3  2321 | 3·35  3 5 | 2  2·3 2 1  6·6 |
```
此　波！千　　载逆此

```
 6· - - | 3 5   6· 1 | 6·5   6 - | 1 6  1·  | 2·3  6 5   3 - |
```
波！

```
 3·  6·  3·  2 - | 2·3  5 1 0 | 6·5  6  5· | 3 - 5 - | 6· - - ‖
```

〔南宋〕夏圭 晴江归棹图（局部）

懒问月·归棹

方文伟 / 词曲

烟渚维舟。渐彤云疏绽，清辉静泻，姮娥降芷洲。曾将秦时眼，勘破汉宫秋。常伴骚人空白首。悠悠。竹筇已瘦，谁我与酌共煮酒？

玉轸慢捻，金徽细弄，声声合浦流。正浅浪缓舒，岫岚翩舞，岸风轻熨平畴。便鬇桐猱透，桂魄飘乱，逝水难留。只合把兰棹归早，任随他古者叹，今者思，来者愁。

  清如古琴为探索词曲的内在联系，实现音乐与文学领域的贯通，进行了众多尝试和不懈努力。包括将戏曲唱段改编成弦歌、为古诗词谱曲、自度曲等。

  《懒问月·归棹》正是这一系列创作之一。制词上，以宋词体裁创作曲词，采南宋格律派推崇之文雅词风。制曲上，运用古琴传统作曲手法，以徵调羽音正弄，觅相和清商之古淡。词与曲营造出清丽雍恬、疏松畅达之韵律，表达了生命在我、不以物迁的潇洒情怀。

二〇一九年二月，蜀中琴人方文伟叙于故土巴渝

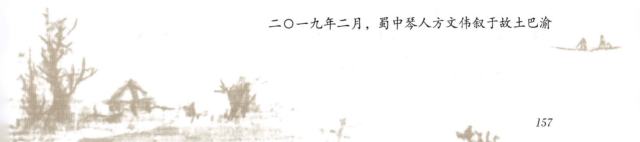

懒问月·归棹

清如古琴　方文伟　词曲
清如古琴　容宇红　整理

$1=\flat B$

紧五弦定弦：2 3 5 6 1 2 3

烟渚　　　　　　　　维舟。渐彤云　疏　　　绽，

清　　辉　　　　　　静　泻，

姮娥　降　　芷洲。曾将秦　　时眼，勘破汉宫秋。

常伴骚人空　白首。悠　悠。竹筇已　　　　　瘦，

谁我与酾共煮酒？　　　　　　　玉轸

慢　撚，金徽　细　　　　弄，

琴谱及相关文化 / 思想表达

声声合浦流。正浅浪缓舒，岫岚翩舞，岸风轻熨平畴。便髹桐猱透，桂魄飘乱，逝水难留。只合把兰棹归早，任随他古者叹，今者思，来者愁。

重庆长江实景,远处山脉靠左段即涂山(方文伟拍摄 2006年夏)

储奇门·归梦远

　　清如古琴为探索词曲的内在联系,实现音乐与文学领域的贯通,进行了众多尝试和不懈努力。包括将戏曲唱段改编成弦歌、为古诗词谱曲、自度曲等。

　　《储奇门·归梦远》正是这一系列创作的压轴篇。是曲以元曲体裁创作曲词,运用中国传统作曲方法,将古琴和川剧音乐元素结合起来。通过细腻生动的笔触,追忆童年时代故土渝州的自然风光:"念儿时是处,大江回沱,卵石层高,涂山隔岸云峰渺,快活那蜓飞蝶舞,蟹蛰蛙跳。更几番雾都春晓,疏林漫淹,吊脚楼阁仙苑飘……"川流依然,时过境迁。抚今追昔,感慨万千,一丝苍凉注到心头:"勿叨。夕阳处稍立。耐得寂寞也,西风飘。"

　　　　　　　　二〇一八年七月,蜀中琴人方文伟叙于故土巴渝

储奇门·归梦远

1 = F
正调定弦：**5 6 1 2 3 5 6**

清如古琴　方文伟　词曲
清如古琴　周玉苹　整理

储奇门，孤影渐长　随落照，念儿时是处，大江回沱，卵石层高。涂山隔岸　云峰渺。快活那蜓飞蝶舞，蟹蛰蛙跳。更几番　　更几番雾都春晓，疏林漫淹，吊脚楼阁仙苑飘。

渔舟 古琴

勿叩。夕阳处稍立。

耐 得寂寞也, 西风飘。